L'ART

AU

FOYER DOMESTIQUE

(LA DÉCORATION DE L'APPARTEMENT)

PAR

ÉMILE CARDON

ILLUSTRÉ D'APRÈS LES DESSINS

DE

M. CLAUDE DAVID

ARCHITECTE DÉCORATEUR

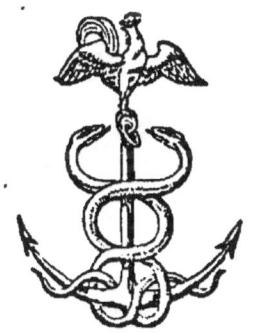

PARIS

LIBRAIRIE RENOUARD

H. LOONES, SUCCESSEUR

6, RUE DE TOURNON, 6

—

1884

L'ART

AU FOYER DOMESTIQUE

PARIS. — IMPRIMERIE CHAIX (SUCCURSALE DE SAINT-OUEN. — 26090-4.

INTRODUCTION

Ce serait, sans doute, une forte présomption de notre part de dire que ce petit et modeste manuel vient combler une importante lacune; cependant nous croyons qu'il répondra à un vœu que nous avons bien souvent entendu exprimer: mettre la littérature d'art à la portée du plus grand nombre.

La question si importante de l'art dans la maison a été, en ces dernières années, le thème d'études très complètes et très intéressantes, faites par les écrivains les plus autorisés; mais, en posant les règles qui doivent être observées dans la décoration de la maison, tous n'ont eu pour objectif que la classe la moins nombreuse, celles des gens du monde dont les revenus sont assez élevés pour n'avoir point à compter lorsqu'il s'agit de se créer un intérieur élégant, c'est-à-dire qu'ils se sont adressés à ceux-là mêmes qui avaient le moins besoin de leurs conseils.

En effet, aujourd'hui, chez les gens du monde, l'éducation artistique est assez avancée, pour qu'ils n'aient point besoin d'aide dans la décoration de leurs appartements; presque toujours ils ont des idées arrêtées sur ce qu'ils veulent faire et, bien souvent, leurs tapissiers de leurs ébénistes ne font qu'exécuter les modèles qu'ils leur fournissent; les autres, parmi les millionnaires, qui doutent de leur savoir, s'adressent à des architectes ou à des décorateurs, et, quand ils tombent sur de véritables artistes, ils réussissent à se créer un intérieur qui ne laisse rien à désirer sous le rapport de la richesse, de l'élégance et du goût.

Mais, dans les milieux moyens, où l'éducation artistique n'est point encore aussi développée, tout en ayant les mêmes aspirations pour ce qui est le beau, il arrive souvent que, faute d'un guide précis, on se laisse séduire par ce qui est à la mode, et l'on donne la préférence à une chose apparente et luxueuse, mais sans style et sans art véritable.

Les grandes publications de luxe, faites par des maîtres en ces dernières années, leur seraient certainement utiles; mais leur étendue, le développement dans lequel elles entrent, le haut prix où elles sont cotées, les empêchent de pénétrer dans ces milieux moyens, où elles pourraient rendre de si indispensables services.

C'est à cette classe, la plus nombreuse, qui demande un traité plus rudimentaire et plus à portée de ses besoins, à qui nous tentons aujourd'hui de donner satisfaction; c'est de cet auditoire que nous désirons nous faire écouter en lui parlant ici un autre langage que celui de nos devanciers, langage moins riche et moins fleuri sans doute, mais plus simple, plus bref, plus concis et plus pratique.

Les personnes de fortune modeste, qui doivent forcément limiter leurs dépenses, mais qui, cependant, désirent améliorer la décoration intérieure de leurs appartements, celles qui souffrent des laideurs de nos maisons modernes, et souhaitent vivre dans un milieu plus recherché, plus élégant, plus harmonieux, trouveront ici, quelques observations dont elles pourront tirer parti utilement. Le public, du reste, pour lequel nous écrivons est, en général, déjà assez bien cultivé pour recevoir une semence qui germera et fructifiera promptement; nul mieux que lui n'est aussi bien préparé pour un enseignement qui répond à une de ses plus incessantes aspirations. Ce n'est pas par choix — nous avons été plus d'une fois le confident de ces désirs et de ces regrets, — que l'on vit dans les tristes appartements que les propriétaires parisiens font payer si cher, mais bien par force et nécessité ; il ne faut pas être entré deux fois dans un de ces intérieurs, si mal agencés, pour être convaincu que les moyens pratiques qui seraient offerts aux locataires, de les transformer et de les embellir, seraient accueillis par eux avec faveur.

Aux siècles derniers, ce petit manuel n'aurait point eu sa raison d'être : alors, l'art n'était point une abstraction de cabinet internée dans les musées; il était partout et dans tout, ouvert à tous, mêlé à la vie pratique, respirant dans toutes choses, dans le meuble, dans la tapisserie, dans la verrerie, dans la céramique, dans la serrurerie. « La première condition de l'amour de l'art, écrivait il y a vingt ans Xavier Aubryet, à propos d'écrivains qui ne voyaient l'art que dans la peinture et la sculpture, — ce devrait être de ne rien accepter de ce qui a la prétention de se passer de lui. Comment cet Hermagoras du culte raphaélique, peut-il consentir à boire dans un vilain verre, à couper son pain avec un hideux couteau, à dormir dans ce lit si disgracieux, à rêver sur ce canapé mesquin, à se promener dans ce salon tendu de papier à vingt-deux sous le rouleau, à fouler ce parquet dont le seul mérite est l'encaustique? Je veux autour de lui un entourage physique irréprochable; j'exige que tout ce qu'il touche ou regarde ait du style ; je somme ce puritain artistique à ne pas se contenter de ce que mépriserait l'homme du monde persiflé par lui: je lui fais enfin un devoir étroit, au lieu d'amener toujours mystérieusement les mêmes élus devant les mêmes tableaux, d'initier la foule à l'art qui intéresse tout le monde. Tel qu'ils le rétrécissent, l'art deviendrait un ennuyeux thème d'esthétique. S'ils ont réellement la ferveur artistique, qu'ils travaillent à rendre l'art complet, tel que l'entendaient nos pères. Trouvons des motifs de monuments; réveillons l'art de la boiserie, chassons le papier et rappelons l'étoffe; retrouvons le charme de ces mille objets que nos pères comprenaient d'une façon si exquise; qu'on nous rende enfin le plaisir des yeux dont nous sommes privés depuis la ruine du pittoresque. »

Si amoureux que l'on soit du progrès, quand on s'occupe des choses d'art, on est forcé bien souvent de regretter que certaines traditions n'aient point été respectées et, c'est sur ce point qu'il est permis de n'être pas toujours de son temps, quand on tient avant tout de rester de son pays.

Nous allons ainsi au devant d'un reproche qu'on pourrait nous adresser dans la suite de ce petit livre, c'est de glorifier trop le passé. La faute en est au présent qui, trop souvent, nous offre des laideurs au lieu de beautés. Or, comme jusqu'à ce jour, notre dix-neuvième siècle n'a pu créer un style qui lui soit propre, il faut bien, quand on a un exemple de goût, de grâce, d'élégance et de convenance à donner, le demander à un des siècles précédents où l'art familier, l'art domestique, était en honneur, à une de ces époques où les artistes ne croyaient point déroger, en fournissant des modèles de meubles, de bronzes ou de tapisseries.

Cet art familier que nous voudrions voir remettre en honneur et qui est appelé à transformer nos intérieurs, est, nous en avons la conviction, appelé à contribuer à l'éducation générale du goût. Parler aux yeux est le plus puissant de tous les moyens d'instruction; Platon l'a dit il y a deux mille ans : « En voyant chaque jour des chefs-d'œuvre pleins de correction et de noblesse, les génies les moins disposés aux grâces, élevés au milieu de ces ouvrages prendront le goût du beau, du décent, du délicat. Ils s'accoutumeront à saisir ce qu'il y a de beau ou de défectueux dans les ouvrages de l'art et dans ceux de la nature, et cette heureuse rectitude du jugement deviendra une habitude de leur âme. » Ne nous entourons donc que d'œuvres nobles et correctes, afin que chez nos enfants, élevés dans ce milieu, cet amour du beau soit comme une seconde nature : « Les mœurs ne s'apprennent pas, écrivait le vieux Ducis à Bernardin de Saint-Pierre, c'est la famille qui les inspire. »

Si nos ancêtres ont eu à un plus haut degré que nous l'amour de la maison, nous croyons fermement que c'est surtout parce qu'elle était plus plaisante, plus agréable qu'elle ne l'est généralement aujourd'hui. Tous les objets mobiliers, tous les ustensiles de ménage aux siècles passés avaient un charme, une grâce, que n'ont plus les objets de création moderne ; nos pères entendaient et comprenaient mieux que nous cet art familier auquel nous demandons qu'on ouvre de nouveau nos maisons, même les plus modestes.

Ce but, c'est incontestablement la femme qui contribuera le plus puissamment à l'atteindre. C'est, nous en avons la conviction, la femme, la première, elle qui a l'instinct du bien et du beau, qui pratiquera le plus activement les conseils destinés à transformer son intérieur ; c'est elle qui se dévouera à cette tâche et la poursuivra avec persévérance, ne fût-ce que pour faire aimer davantage la maison à son mari et à ses enfants, et les y retenir plus longtemps. Les étrangers ont, plus que nous aujourd'hui, cet amour du foyer domestique que nous avions autrefois et que nous avons perdu, hélas, depuis longtemps déjà. Notre intérêt est d'y revenir, car c'est l'amour de la famille et de la maison qui fait l'amour de la patrie et les grandes vertus nationales, si nécessaires à une nation éprouvée comme nous l'avons été.

Les difficultés pour transformer un intérieur ne sont point, du reste, aussi grandes qu'on le suppose ; il suffit de vouloir énergiquement et avec persévérance. Ce n'est même point une question d'argent. Il n'en coûte pas plus pour se procurer un meuble pur de forme et de style, que pour s'embarrasser d'un meuble difforme, et si les fabricants exécutent tant de choses de mauvais goût, c'est parce qu'il se trouve un public qui les achète ; ils ne produiront plus que des objets irréprochables, le jour où le public, avec un tact plus judicieux, ne fixera son choix que sur des objets d'une convenance parfaite.

Nous dirons plus : celui qui sait choisir peut, en dépensant moins, obtenir un résultat meilleur ; avec les éléments les plus simples on parvient à produire un ensemble séduisant et des plus agréables. C'est le but que nous avons visé ici en écrivant ce manuel : on y trouvera surtout des règles simples pour la décoration de la maison, un guide pour le choix d'un ensemble harmonieux de formes et de couleurs. Quand nous insisterons quelquefois avec énergie, ce sera sur l'application d'un principe absolu ; mais jamais nous n'interviendrons pour faire prévaloir ce qu'on pourrait appeler notre goût personnel pour un style de préférence à un autre. Encore moins nous abstiendrons-nous, presque toujours, d'indiquer des exemples qui pourraient entraîner à des dépenses exagérées, et si, par exception, nous croyons devoir le faire, nous aurons toujours le soin d'éveiller l'attention de notre lecteur. En décoration, le but à atteindre, c'est de parvenir au plus haut degré possible de perfection en économisant le plus que l'on peut, ou mieux encore, en ne dépensant que ce qu'aurait coûté le pire.

En décoration, il y a deux manières de procéder également bonnes, bien que, personnellement, c'est à la première que nous conseillerons de donner autant que possible la préférence :

La première manière est de se réserver le soin de surveiller soi-même la décoration de son appartement ; la seconde d'en confier entièrement la direction à un homme du métier ; mais, dans l'un et dans l'autre cas, il y a des règles dont il ne faut point se départir.

Si l'on a en soi assez de confiance, si l'on possède assez de connaissances réelles de la décoration, et que l'on se détermine à diriger soi-même la décoration de son appartement, le premier soin à prendre avant de commencer tout travail, c'est d'en arrêter définitivement le plan, d'en faire un croquis, et de n'en commencer et poursuivre l'exécution que quand on aura bien tout arrêté, tout réfléchi et tout pesé. Si l'on va à l'aventure, si l'on apporte des modifications continuelles, on a toutes les chances de ne faire rien qui vaille. Il suffit quelquefois d'un changement en apparence peu important, pour détruire tout l'ensemble et tout l'effet d'une décoration.

Si, au contraire, on se méfie de ses lumières et qu'on s'adresse à un décorateur de profession, le point important, c'est de ne choisir qu'un homme dont l'habileté soit éprouvée et à qui l'on puisse accorder toute confiance; cette assurance acquise, après avoir fait connaître à son décorateur ce qu'on désire et ce qu'on préfère, il convient de le laisser maître absolu de son travail, et de ne lui créer aucun embarras en lui demandant des modifications dans le cours de l'exécution, de façon à ce qu'il ne puisse en aucune manière se dérober à la responsabilité qui lui incomberait pour les fautes qu'il aurait pu commettre, et dont il pourrait chercher à s'excuser en les attribuant — ce qui pourrait être vrai — aux changements qui lui auraient été demandés.

Ceci dit, nous entrons en matière.

L'ART AU FOYER DOMESTIQUE

CHAPITRE I

L'APPARTEMENT COMME IL EST

Depuis le XVIIe siècle, les habitations parisiennes, sur lesquelles se sont modelées la plupart des maisons des grandes villes de province, ne sont que de vastes phalanstères, peuplés de nombreux habitants, largement percés de fenêtres qui laissent abondamment pénétrer le soleil et la lumière, et mettent le locataire le plus possible en relation avec la voie publique. Les façades hautes, percées de nombreuses ouvertures, sont quelquefois souvent celles qui remontent aux siècles derniers, décorées avec goût ; les autres sont nues ou chargées d'ornements d'un style complètement inconnu et innommé.

Le locataire d'une partie de ces maisons n'a rien à voir à la façade, il la subit telle qu'elle est ; n'y aurait-il pour l'améliorer que de très légères modifications à

1.

apporter, ceci est du ressort du propriétaire qui n'a intérêt à embellir son immeuble que lorsque, la dépense étant minime, elle peut être un prétexte pour augmenter largement le prix des locations.

Nous n'avons donc point ici à nous arrêter plus longuement sur l'extérieur de la maison, la première venue nous importe peu, qu'elle soit bien ou mal, nue ou décorée; dans la classe moyenne, à fortune modérée, il est rare qu'une famille, à moins de sortir de l'enceinte des fortifications et d'aller dans la banlieue, puisse trouver à louer une petite maison entière. Il y a une vingtaine d'années, entre les anciens murs d'octroi et les fortifications, on en trouvait encore un assez grand nombre à des prix modérés; mais elles ont aujourd'hui presque toutes disparu pour faire place à de grands caravansérails, dans lesquels les architectes ont distribué, avec une rare parcimonie, l'espace, l'air et la lumière.

Depuis trente ans Paris a été presque entièrement démoli et rebâti; presque toutes les maisons nouvelles ont été reconstruites sur un modèle uniforme : je parle des maisons élevées dans les quartiers où les prix de location sont encore abordables pour les locataires à revenus moyens. Dans les quartiers aristocratiques ou commerçants, les plans des immeubles ont été faits en vue de ces besoins, et ce n'est qu'à de très rares exceptions qu'on y trouve de petits appartements aux étages les plus élevés. Prenons donc simplement un quartier bourgeois et entrons dans la première maison venue où nous verrons un écriteau de location. Après avoir visité et décrit l'appartement, tel qu'il est, avec ses tentures, son mobilier moderne, nous aurons une idée exacte de neuf cent quatre-vingt-dix-neuf sur mille des maisons parisiennes en 1884. Ce travail terminé, et c'est le sujet de ce chapitre, nous verrons dans le chapitre suivant ce que l'on pourrait faire pour améliorer la décoration intérieure.

L'entrée des maisons modernes a généralement une assez bonne apparence ; la porte joue le chêne ou le bronze ; le vestibule, sur lequel donne l'entrée de la loge du concierge est convenablement dallé ; sur les murs on a peint des imitations de marbre et ces peintures se continuent dans la cage de l'escalier, ordinairement sombre et généralement trop étroit pour que l'on puisse emménager sans disloquer quelques meubles. Sur les paliers des étages, quand la maison a des prétentions, les portes des appartements ont deux battants assez étroits souvent pour que vous soyez obligé de les ouvrir tous les deux quand un ami corpulent vient vous visiter. A part cela, les portes sont parfaitement confectionnées en bois vert qui joue, se rétrécit ou se gonfle, ne pouvant ni s'ouvrir ni se fermer certains jours, et, d'autres jours, livrant passage à tous les vents coulis du monde. Des peintures imitant le vieux chêne, le palissandre ou l'acajou, quelquefois le bois de citron et l'érable, cachent, tant bien que mal, les défauts de la menuiserie.

Que l'appartement que nous visitons se trouve au premier, au second ou au troisième étage, la distribution est la même. Qui a vu l'un a vu l'autre. Les seules différences qui existent entre eux sont : d'abord la hauteur du plafond, plus grande au premier qu'au second, celle du troisième plus basse encore que celle du second

puis la grandeur des pièces qui, en raison des coffres des
cheminées, diminue à chaque étage.

Sonnons donc au premier et entrons.

I. — LE VESTIBULE

Bien souvent ce n'est qu'un couloir trop étroit pour
que trois personnes puissent y circuler sans se coudoyer.
Assez rarement il est de proportion convenable pour
qu'on puisse y faire attendre quelqu'un ; cependant cela
se voit et nous admettons qu'il en soit ainsi.

Nous admettons donc ici un vestibule de proportions
raisonnables et éclairé par une fenêtre donnant sur une
cour.

Il y a deux sortes de décorations pour les vestibules,
mais elles sont invariables ; quand ce n'est pas l'une c'est
l'autre. Dans le premier cas, jusqu'à la hauteur de un
mètre, on a simulé des panneaux au moyen de moulures
en bois de sapin clouées sur l'enduit du mur. Cette
fausse boiserie a été peinte de couleur sombre, en faux
bois chêne au premier étage, en teinte plate brune
aux étages supérieurs pour lesquels le propriétaire se
met en moindres frais. Au-dessus, le mur a été tapissé
d'un papier quelconque, ordinairement d'une couleur
neutre, cuir tanné, avec dessin brun ou noir, ou papier
à larges raies, ton sur ton, de deux nuances, ou brun,
ou vert, ou ocre.

Plusieurs portes donnent sur le vestibule, les unes
cachées sous la tenture, celle des privés et de la cuisine
par exemple ; les autres donnant accès au salon et à la
salle à manger. Les portes sont peintes en imitation de

bois comme les simili-boiseries, ou en brun si ces dernières n'ont point reçu une imitation de vieux chêne.

L'ameublement usuel consiste en un banc coffre à bois en chêne naturel, ou passé au brou de noix, et recouvert d'une moleskine d'une couleur quelconque rouge, verte ou brune ; d'un porte-parapluie en fonte placé dans un coin et de quelques patères pour accrocher les chapeaux et les vêtements. A la fenêtre, des vitrages à larges rayures rouges et blanches, ou à petites rayures multicolores, jaune, verte, rouge, bleue. Quelquefois de grands rideaux, ou bien achetés exprès et alors en sparterie ou ficelle baptisée pompeusement toile véronèse, rubens ; ou bien faits avec une ancienne paire de rideaux dépareillés, reteints quelquefois, en reps ou algérienne, de couleur indifférente comme le hasard les h fournis.

Le second genre de décoration adopté couramment pour les vestibules et celui qui est généralement préféré parce qu'il nécessite une dépense moindre pour le propriétaire consiste en ceci : il n'y a point de boiseries peintes, mais une simple plinthe avec une tenture de papier peint sur les murs. Celui qui est plus particulièrement adopté est vernissé, imitant les marbres les plus précieux, les plus rares et les plus fantaisistes.

Dans ce cas alors les peintures des portes sont différentes ; ou la peinture imite les bois d'érable et de citron ou bien les teintes sont unies et plates à deux tons de gris ou d'ocre.

Le plafond est toujours badigeonné à la colle et au blanc d'Espagne ; quant aux moulures et corniches elles sont des mêmes tons que les boiseries, portes et fenêtres.

Dans presque toutes les maisons aujourd'hui le parquet du vestibule est en bois comme toutes les pièces de l'appartement, excepté la cuisine qui est carrelée en terre cuite ; rarement, comme il était de mode autrefois, on trouve des vestibules en carrelage blanc et noir de pierres de liais et d'ardoises qu'il était si facile de tenir toujours propre par des lavages fréquents.

Quel que soit le système adopté par le propriétaire pour la décoration du vestibule, comme cette pièce n'a pas pour la plupart des locataires une grande importance le piètre mobilier que nous avons décrit plus haut meuble indifféremment un vestibule revêtu de papier marbré ou un vestibule à boiseries feintes.

Le parquet est le plus souvent passé à l'encaustique, avec un tapis paillasson pour les pieds et quand il est recouvert avec un tapis, c'est presque toujours un ancien tapis provenant, ou du salon, ou d'une chambre, ou de la salle à manger, mais trop usé pour figurer encore dignement dans une de ces pièces ; aussi fait-il toujours un contraste étrange avec le reste, soit par la disposition de ses dessins, soit pour la tonalité générale de son fonds, contraste plus frappant quand il est recouvert partiellement par un tapis de passage, chiné ou tigré, c'est le genre le plus commun et le plus généralement en usage. L'emploi de ce tapis est certainement utile pour préserver les endroits sur lesquels on passe le plus souvent ; mais quelquefois aussi c'est un moyen de cacher l'usure plus grande de cette partie du grand tapis.

II. — LA SALLE A MANGER

Dans la majeure partie des constructions modernes, la pièce réservée à la salle à manger, par suite des proportions du terrain plus long que large, se trouve prendre jour sur une cour intérieure toujours étroite et sombre et n'offrant au regard curieux, si l'on ouvre une fenêtre, que la vue des communs des maisons voisines. Rien de plus triste et de moins plaisant, aussi n'y pénètre-t-on qu'aux heures des repas. On y restait autrefois plus longtemps, lorsqu'on n'était qu'en famille et qu'il n'y avait pas de convives étrangers et cérémonieux. Le dîner fini, la nappe enlevée, la lampe posée sur un pied, la femme prenait sa broderie, le mari un livre ou son journal, les enfants un jouet, s'ils étaient jeunes, un livre ou un cahier de devoir, s'ils étaient plus âgés et, tout en travaillant, on causait intimement. Alors on dînait plus tôt, vers cinq heures, et, jusqu'à huit ou neuf heures que les enfants allaient se coucher, on jouissait pleinement du bonheur que donne l'intimité familiale.

Dans la journée, c'était la pièce où la mère de famille se tenait le plus fréquemment; l'éclairage était meilleur; les fenêtres ouvraient sur des cours plus spacieuses ou sur des jardins, quand ce n'était pas sur la rue même; une fois ou deux par semaine, c'était là qu'on installait l'ouvrière à la journée, qui était chargée de l'entretien du linge de la maison; du reste, en ces temps, la mère de famille s'occupait plus activement des soins du ménage; elle dirigeait tout, veillait à tout, conseillait et quelquefois mettait comme on dit la main à la pâte, à

l'époque des conserves et des confitures ; j'ai vu la fin
de ces mœurs et de ces habitudes que quelques pro-
vinces conservent encore, et, sans tout regretter, je pense
qu'elles avaient du bon et beaucoup. Nos mères ne pas-
saient point d'examens, ce qui ne les empêchait pas
d'être pour la plupart aussi instruites que les jeunes
filles des temps présents ; elles lisaient presque autant
qu'aujourd'hui, mais je crois qu'elles choisissaient mieux
leurs livres ; leur talent de musicienne n'était ni plus
grand ni moindre qu'à présent ; mais aussi et de plus,
dans un cas pressant, — si la maladie ou le renvoi
d'une cuisinière leur créait un embarras, — elles ne
croyaient pas abdiquer en écumant leur marmite et en
veillant leur rôti ; elles savaient broder ; mais, sans
mauvaise humeur, elles savaient encore quitter ce travail pour remettre le bouton que nous avions perdu
dans une récréation à la pension ou raccommoder un
léger accroc fait à notre culotte.

Pour répondre aux divers usages de la salle à manger,
à cette époque, on choisissait une des pièces les plus
grandes de l'appartement et l'on y voyait quelques
meubles qui n'y trouvent plus leur place aujourd'hui ;
un coin était réservé à la table à ouvrage qu'on rap-
prochait de la fenêtre pendant le jour ; à côté de la
cheminée, quelquefois on trouvait un fauteuil ou deux,
de ces bons fauteuils d'autrefois, que nos pères appe-
laient des bergères et qui étaient réservés aux grands
parents ou aux intimes d'un âge avancé. Le mobilier en était solide, confortable, bien approprié aux
besoins du service, et des fleurs à la main ou en pots
étaient un des éléments les plus recherchés pour la dé-

coration. Oh ! la fleur, jamais on en abuse ; c'est elle qui
anime et réjouit le plus un intérieur, elle embaume et
sourit au regard.

Comme on se tenait beaucoup alors dans la salle à
manger, en hiver on y entretenait presque constamment
un feu modéré, il en résultait une température égale à
celle du salon ou des autres pièces de l'appartement, et
l'on ne songeait nullement à discuter si une salle à
manger doit être beaucoup ou point chauffée, question
très grave, sur laquelle les opinions sont partagées.

Aujourd'hui, on ne pénètre plus dans la salle à manger
que pour prendre deux de ses repas, le déjeuner de midi
et le dîner ; le thé ou le café du matin se prend généralement dans la chambre à coucher, un peu en l'air, sur
un coin de guéridon, en terminant sa toilette, en parcourant son journal ou en jetant un coup d'œil sur son
courrier. Les heures des repas sont changées comme les
habitudes ; on dîne à sept ou huit heures le soir, suivant les occupations ou les relations d'affaires du mari ;
la femme déjeune très souvent avec ses enfants, s'ils
sont jeunes, seule s'ils sont d'âge à être mis en demi-
pension ou au collège. Le repas pris hâtivement et terminé, elle se dépêche de rentrer dans sa chambre ou
de passer au salon si l'on attend des visites, et cette
pièce, qui fut autrefois presque l'âme du foyer domestique, n'a plus à présent d'intérêt que les jours où l'on
reçoit, où l'on donne à dîner. Ce n'est plus que dans le
but de paraître, c'est-à-dire par ostentation, qu'on la
meuble et qu'on la décore.

La salle à manger, telle qu'on la rencontre dans la
plus grande partie des maisons modernes, n'offre pas de

grandes commodités. De proportions assez réduites, peu éclairée par des fenêtres donnant sur des cours sombres, mal aérées, humides et d'où émanent quelquefois des odeurs peu satisfaisantes ; on y étouffe l'été, ne pouvant ouvrir les fenêtres, crainte des senteurs de la cour d'une part, de la curiosité du voisinage de l'autre ; on y gèle ou on rôtit l'hiver, le poêle dont elle est ordinairement dotée ne chauffant point s'il est en terre cuite, ou asphyxiant s'il est en fonte.

Les architectes modernes ont adopté pour chacune des pièces d'un appartement, dans les maisons qu'ils construisent, certains types de décoration qui ne varient jamais et qu'ils répètent partout. Ainsi, sur cent maisons neuves que vous visiterez, vous en trouverez quatre-vingt-dix-neuf qui rentreront dans un des deux ou trois modèles adoptés couramment. En principe, vous devez vous attendre à ce que la salle à manger soit ainsi décorée :

Ou bien encore avec une boiserie peinte d'une hauteur de 1 mètre à 1 mètre 20 centimètres, dont les compartiments seront faits avec des moulures de sapin clouées sur le mur et séparée de la tenture par une moulure plus importante, également de bois de sapin ; des moulures de plâtre ou de sapin simuleront la corniche et ornementeront le plafond invariablement peint en blanc, quelquefois à l'huile, plus souvent à la colle ; au milieu, une rosace avec un piton pour accrocher une suspension ; dans les maisons qui possèdent le gaz à tous les étages, une vis d'attente pour poser un appareil d'éclairage est disposée d'avance au déplaisir des gens qui détestent le gaz, à la joie de ceux qui l'aiment.

Le soubassement des murs simulant les boiseries, la corniche du plafond, la menuiserie des portes et des fenêtres, tout cela est peint en couleur sombre, imitant le vieux chêne dans les appartements du premier et second étage, sans veinage dans les appartements des étages supérieurs. Au-dessus de la boiserie, le mur est tapissé de papier peint de qualité différente, toujours suivant les étages, mais généralement tous d'une teinte à peu près identique, c'est-à-dire d'un brun cherchant à rappeler la couleur des vieux cuirs avec des ornements frappés en relief en or, plus ou moins abondants ; quelquefois, mais moins fréquemment, le papier est d'un vert sombre ou olive, brun ou rouge, avec un semis de fleurettes gothiques or, ou noir, ou couleur.

L'emplacement du poêle n'est pas invariable et diffère suivant les nécessités architecturales. Quelquefois il est placé dans une encoignure, ce qui nécessite dans le coin opposé une disposition symétrique dont on tire parti en disposant une armoire sous tenture qui, par la forme triangulaire de l'intérieur, ne peut rendre que de très légers services. D'autres fois, le poêle occupe un milieu de panneau qu'il encombre en avançant dans la pièce qu'il rétrécit encore ; dans tous les cas, le poêle est invariablement surmonté d'une désagréable niche simulant du marbre jaune, dont la teinte contraste désagréablement avec le reste de l'ensemble.

D'autres fois, la salle à manger, alors divisée dans toute sa hauteur en compartiments de grandeur variable, est peinte à l'huile, simulant une boiserie de chêne et de sapin verni, le faux chêne servant à encadrer les panneaux de faux sapin.

Quelquefois encore, mais plus rarement, les peintures simulent une boiserie de bois d'érable et de bois de citron, ou bien d'acajou et de palissandre.

Toujours alors, dans ces différents cas, les portes et les fenêtres sont décorées par des peintures semblables à celles de l'ensemble de la décoration. Le poêle seul ne varie pas, il est en poterie peinte en vert foncé et bronze, ou bien en faïence brune émaillée. Quant à la décoration de la niche, elle est invariable, toujours en faux marbre, je n'ai jamais su pourquoi.

Dans ce milieu quelconque, le locataire place le mobilier ordinaire d'une salle à manger et qui se compose : d'un buffet, d'une table ronde ou ovale à rallonges, de six, huit, dix ou douze chaises, suivant la grandeur de la pièce et d'une ou deux tables à découper s'il y a la place convenable.

Tant mieux si, par hasard, le mobilier que l'on possède se trouve être d'un bois semblable à celui des boiseries, sans cela on court le risque d'être obligé de placer un ameublement de vieux chêne dans une pièce dont les boiseries ont la prétention de simuler les bois de citron et d'érable. Quant à la couleur des étoffes qui recouvrent les sièges, elle est ordinairement assortie aux étoffes des rideaux qu'on place aux fenêtres; si par hasard elle tranche trop avec les papiers employés dans quelques salles à manger, le locataire assez ordinairement fait la dépense d'un nouveau papier plus en harmonie avec ses tentures, cette dépense étant en somme fort minime.

Les étagères qui surmontent les buffets — qu'ils soient en chêne, en acajou ou tout autre bois, — reçoivent des pièces de porcelaine, de verroterie, de bronze ou d'orfèvrerie de table ; cette décoration est toujours d'un bon effet, si les pièces sont de choix, intéressantes de forme et de couleur ; mais que de fois pour cet usage ne voit-on pas les gens s'approvisionner aux bazars à treize sous ou dans les baraques de foire ; combien de gens aussi ne se laissent-ils pas prendre aux déballages des Hollandais à l'hôtel Drouot, aux ventes de rapport des marchands qui écoulent leurs fouillis, à toute cette céramique de rencontre simulant le vieux Rouen, le vieux Nevers, le vieux Strasbourg. On décore aussi également les murs avec des faïences, et sur des tentures sombres rien de plus gai que l'émail brillant et fleuri des grands plats, les ors brillants des vieux cuivres repoussés au marteau, mais aussi que de faux antiques s'étalent sur de faux cuirs et de fausses boiseries.

Il en est des tableaux qu'on place également dans une salle à manger pour l'orner comme des curiosités, l'effet peut être excellent, mais aussi il faut qu'ils vaillent la peine d'être regardés.

Une suspension avec lampe, et quelquefois des bras pour des bougies, complète l'ameublement indispensable et généralement admis d'une salle à manger dans la plus grande partie des intérieurs de moyenne fortune.

Je n'ai rien dit du tapis de parquet, quand il ne recouvre pas toute la pièce, il en occupe au moins le milieu.

III. — LE SALON

Si l'on rencontre peu de variété dans la décoration des salles à manger, on en trouve encore beaucoup moins dans celle des salons ; invariablement ils sont blancs, et quel blanc ! Les boiseries, cimaises, portes, fenêtres, sont inévitablement recouvertes de peinture blanche ; à peine quelques légères nuances pour les encadrements ou les panneaux, c'est tout. Une plinthe noire très basse si l'on a réservé une cimaise ; plus haute si le mur est destiné à recevoir un papier invariablement blanc, sauf quelques ornements or.

Quand le propriétaire permet à son architecte de déployer un peu plus de somptuosité dans la décoration du salon, on s'abstient de la tenture en papier blanc et or que l'on remplace par de la peinture. Alors les murs sont divisés en panneaux au moyen de moulures en sapin agrémentées de quelques ornements en carton pâte baptisés suivant le cas d'ornements Louis XIV, Louis XV ou Louis XVI. La corniche est également ornée de cartons pâtes, ainsi que la rosace du milieu du plafond. Le tout, murs, corniche, plafond, ornements, reçoit une couche de blanc, — non uniforme, — mais si légèrement teinté çà et là que l'œil n'en saisit que très difficilement les nuances. Si l'architecte a été autorisé à faire des folies, des rehauts d'or indiquent et accentuent les ornements et les moulures. Mais l'art de l'architecte décorateur ne va jamais au delà. Rien de plus lamentable et de plus monotone que cette symphonie en blanc mineur. Dix mille salons parisiens chantent la même note et le même refrain.

J'ai un ami qui aime énormément sa maison et quitte rarement son coin du feu ; il a pris la détermination de ne jamais aller dans un de ces salons blancs qu'il déteste ; aussi pose-t-il invariablement cette question quand on lui adresse une invitation : — De quelle couleur est le salon ? — Si on lui répond vert, bleu, jaune ou rouge, quelquefois il accepte ; mais si on lui répond : — Blanc et or. Invariablement il remercie. Aussi en est-il arrivé à ne plus aller nulle part.

Une cheminée en marbre blanc, plus ou moins richement décorée, mais presque toujours d'un style banal, surmontée d'une grande glace entourée d'une classique bordure dorée, complète la partie architecturale du salon.

A première vue, un excellent physionomiste peut se faire une idée générale de la personne qu'il envisage ou dévisage ; il y a des signes certains qui révèlent un caractère ou des passions. Avec un peu d'habitude, à l'inspection même superficielle d'un intérieur, on peut de même préjuger ce que vaut l'habitant ; le caractère déteint beaucoup plus qu'on le pense sur le milieu dans lequel on vit, le fauteuil sur lequel on s'assoie journellement se modèle sur vos formes et révèle quelque peu vos habitudes.

Sans avoir la prétention de rivaliser le moins du monde avec Gall, Lavater ou Desbarolles, un salon blanc et or me donne toujours une idée malencontreuse de la maîtresse de la maison, et, je dirai plus, l'opinion que je me forme s'étend à tous les amis de la maison. Pour se complaire dans un milieu déplaisant, il faut soi-même être déplaisant. A Paris, surtout, dans les relations mondaines, il est si facile de ne faire que ce qui vous plaît et l'on a tant de prétextes honnêtes pour refuser une invitation que, vraiment, aller assidûment s'enfermer quelques heures entre quatre murs blancs, comme ceux de tant de salons modernes, n'est excusable que pour ceux qui n'en sentent pas la laideur.

Le mobilier ordinaire de ces invariables salons blanc et or ne varie guère, et le contenu est, la majeure partie du temps, à la hauteur du contenant. Ce mobilier se compose presque invariablement d'un canapé avec ou sans médaillons, de quatre ou six fauteuils, de quatre à six chaises de même style ; le bois préféré de ces meubles est presque toujours l'acajou, quelquefois le palissandre ; les profils sont contournés plus ou moins heureusement, les quelques sculptures dont ils sont ornés sont plus ou moins délicates. La couleur de l'étoffe qui les recouvrent est plus généralement rouge ou grenat, que bleue ou verte ; le damas de laine ainsi que le reps sont les étoffes préférées en raison de leur bon marché ; le velours vient ensuite, puis, enfin, et ceci devient de la somptuosité, les damas de soie. Également figurent dans les ameublements réputés somptueux les ameublements en bois noirci recouverts de tapisseries communes fabriquées pour le commerce dans quelques manufactures d'Aubusson, et dont les dessins sont aux modèles de Beauvais ce que sont les images d'Épinal à une aquarelle de Lamy ou d'Isabey.

Au milieu du salon, un guéridon ovale en acajou ou

palissandre, au pied maladroitement sculpté et d'un aplomb toujours problématique. Puis, un piano droit, acajou ou palissandre, et, entre les deux fenêtres, un meuble imitation de Boule du faubourg Saint-Antoine, ou en marqueterie hollandaise.

Quelquefois, autour du guéridon, deux ou trois chaises volantes ou laquées avec dorures et cannage en osier doré, ou recouvertes de petites soies rayées de couleurs différentes, et, enfin, un pouff ou deux en tapisseries à la main confectionnées par la maîtresse de la maison, ou par quelque autre personne de la famille.

Sur le parquet, une grande carpette d'Aubusson entourée, pour la rallonger et l'élargir, de bandes de tapis uni : la carpette avec un grand médaillon blanc chargé de fleurs criardes, les bandes de tapis uni de couleur rouge, verte ou bleue, suivant la couleur des meubles.

Sur la tablette de la cheminée de marbre blanc, une planche, recouverte d'étoffe assortie à l'ameublement, avec frange et force clous dorés. Pour garniture, une pendule en bronze doré, style Louis XV ou Louis XVI, de la rue des Marais ou du faubourg du Temple, avec les candélabres pareils, ou deux lampes modérateurs en Chine de Bourg-la-Reine, ou de la Compagnie des Indes. Quand il y a des candélabres pareils à la pendule, la place habituelle des deux lampes est sur le meuble d'entre-deux des fenêtres ; alors, comme pièce de milieu, puisque le luxe des salons à la mode est la fleur, un caoutchouc dans un cachepot en porcelaine de la rue Paradis-Poissonnière.

Très souvent les vitrages des fenêtres, stores et
grands rideaux, sont en mousseline brodée avec encadrements comme on en trouve à des bons marchés im-
possibles, aux fins de saisons, dans les grands bazars de
nouveautés ; mais, le grand luxe, c'est de compléter la
décoration par des doubles rideaux en étoffe pareille à
l'ameublement. Tout cela forme un ensemble banal qui
n'a rien certainement de choquant à première vue, mais
qui devient trivial si on le regarde avec la moindre attention ; il n'y a rien de fini, de délicat dans le travail
des meubles et des bronzes, tout cela danse, jure et
crie ; les formes manquent d'élégance, la garniture des
meubles manque de souplesse et de moelleux ; aucune
harmonie, aucune convenance, rien, enfin, qui puisse
donner aux yeux une satisfaction réelle, un plaisir
vrai.

J'oubliais un détail typique : sur les dossiers et les
bras des meubles, canapé ou fauteuils, des petits carrés
de crochet à la main ou la mécanique qui ont l'air de
vous dire au moment où vous allez vous asseoir :
« Vous êtes si sale que l'on m'a placé là pour me garantir des taches que vous ne sauriez manquer de me
faire ! »

Dans une pièce consacrée à la réception des étrangers, je ne connais rien de plus grossier que ce petit
morceau de chiffon.

Autre oubli à réparer dans les embellissements du
salon : au-dessus du meuble d'entre-deux une glace
ovale ou carrée fait assez bon effet. De même quelquefois, en face de la cheminée ou du piano, suivant la
disposition, on place, également une glace, et, de chaque

côté, soit des tableaux ou des gravures — *si on aime
les arts* — soit des portraits de famille, presque toujours de ces grandes photographies agrandies qu'on
vous offre, — ressemblance garantie, — pour cinquante francs et un portrait-carte.

IV. — LES CHAMBRES A COUCHER

Quand, dans un appartement, il y a deux chambres à
coucher — et nous admettons ici que c'est le cas —
l'une a vue sur la cour ; l'autre, communiquant avec le
salon, a vue, au contraire, sur la rue. Généralement, les
chambres ne sont pas très grandes et les meubles
qu'elles comportent ne sont pas toujours faciles à placer
convenablement. Quand chacune des chambres a son
cabinet de toilette, il y a plus de facilités ; quand il n'y
en a qu'un, mais placé commodément pour servir à
Monsieur et à Madame, on s'arrange encore malgré les
inconvénients de la promiscuité ; si par hasard il n'y en
a pas du tout et que chacune des chambres soit forcée
de recevoir la véritable table toilette, tout arrangement
parfaitement convenable est sinon impossible du moins
fort difficile.

La petite différence de prix de location qui peut exis-
ter entre deux appartements dont l'un possède des cabinets de toilette et dont l'autre n'en a point, n'est jamais
assez considérable pour qu'on se prive d'une ou deux
pièces accessoires dont l'utilité est si incontestable et
qui procurent une aisance dont on n'a qu'à se féliciter
tous les jours. Dans un intérieur, il n'y a rien de plus
désagréable, et qui désunisse plus, que les petites gênes

quotidiennes, tandis que les embarras sérieux, au contraire, rapprochent le plus souvent et resserrent les
liens. Pour les choses importantes on s'explique nette-
ment et l'on se tend la main ; sur des riens, que peut-
on dire ? rien ; et alors on s'aigrit, on se froisse, on se
boude et on se fâche. Quand, sans prétexte, on se tourne
le dos, il est bien rare qu'on revienne sur ses pas pour
se rencontrer. Ce n'est donc jamais une dépense inutile
que celle qui a pour objet de rendre plus facile et plus
agréable la vie commune.

Je reviens aux chambres à coucher, et je commence
par la chambre de Madame.

Dans l'usage habituel, et dans les convenances les plus
strictes, la chambre de Madame est un lieu sacré ou nul
ne pénètre et qui reste fermée même les jours de
grande réception, même alors que les invités trop nombreux ne peuvent plus respirer dans les autres pièces.
J'avoue qu'il y a là un scrupule que je comprends et
qui est loin de me déplaire. Je suis d'un temps et d'une
époque où la tradition du pain et du sel était encore
respectée et où l'invitation à les partager n'était point
une banale politesse. Dans ma jeunesse, on n'avait pas
la poignée de main aussi facile qu'aujourd'hui ; en ce
temps là, c'était une grande faveur, ou un grand honneur, quand une femme vous permettait de lui baiser la
main ; aujourd'hui, elle la serre au premier venu qu'on
lui présente ; c'est une mode qui nous est venue d'An-
gleterre et contre laquelle j'ai toujours fort envie de
protester.

Si hermétiquement fermée que soit la chambre de
Madame, entrons-y cependant un instant. Dans tout

appartement moderne, si banal et si trivial qu'il soit,
c'est encore le seul endroit où la critique ait le moins à
s'exercer. Ne serait-ce pas parce que c'est là le seul
endroit où la volonté de la femme a pu s'exercer sans
contrôle, le seul où son goût a été consulté et ses vœux
réalisés. En général — je parle de Paris, bien entendu,
et de la Parisienne — la femme, si incomplète qu'ait pu
être son éducation artistique, a innés le sentiment des
choses d'art, le goût plus fin et plus délicat; la science
lui manque, elle devine; elle ne sait pas, elle sent. Ce
n'est jamais une Parisienne qui, dans le choix de sa toilette, commettra une hérésie; avant Chevreuil, dont elle
n'a jamais entendu prononcer le nom et dont elle n'a
jamais lu les remarquables travaux, elle connaissait
l'harmonie des couleurs, la loi des couleurs complémentaires, ainsi que celle des contrastes.

Le mobilier courant des chambres à coucher, qu'il
soit en acajou, en palissandre ou en noyer ciré, n'a
jamais rien de complètement parfait; si la femme est
appelée à choisir celui qui est destiné à sa chambre,
elle donnera certainement la préférence à celui dont les
formes seront les plus gracieuses, le travail le plus délicat. Les sièges, le petit tête-à-tête, les causeuses seront
avant tout confortables, moelleuses, faites exprès pour
qu'on y soit à l'aise et qu'on souhaite y rester. Pour les
couleurs des tentures, ce qui la guidera avant tout, c'est
la convenance; ce qui siéra à son teint, le bleu si elle
est blonde, et si elle est brune, brune comme une Espa-
gnole ou une Italienne, elle adoptera franchement, bru-
talement le jaune, dont elle relèvera encore la vivacité
par des ornements violets. Jamais dans la chambre

2.

d'une femme qui a été laissée maîtresse absolue d'en
diriger l'installation et la décoration, vous ne trouverez
une faute de goût; et si, par hasard, par suite d'influence
étrangère, une faute a été commise, il est rare que vous
ne reconnaissiez avec quelle habileté, quelquefois avec
quelle originalité de ressources, elle a cherché à la pal-
lier, à la dissimuler, et en somme, à la corriger.

Quand la chambre est commune aux deux époux la
grande harmonie d'une chambre féminine disparait, la
présence de l'homme se révèle quelque part, par un
rien quelquefois; mais ce rien détonne à coup sûr. Ce
que j'ai dit plus haut ne s'adresse donc qu'à la chambre de Madame et encore quand Madame est réellement Parisienne, ce qui même à Paris, est encore une
exception.

Beaucoup des femmes qui habitent Paris ne sont
point Parisiennes, elles sont nées ou ont été élevées en
province, ou dans des milieux provinciaux, ce qui revient souvent au même. Une femme née en province,
mais élevée dans un milieu parisien peut très facilement devenir et rester Parisienne. Une femme élevée
en province sera et restera toujours provinciale. Quoi-
qu'on fasse et quoi qu'il arrive, il y a toujours des
petits coins par où elle reparaîtra, ne fût-ce que par
le bout de l'oreille comme l'âne du bon Lafontaine. Il
en est de cela comme de la naturalisation qui ne fera
d'un étranger, Anglais ou Allemand, un Français. Anglais
ou Allemand il est né, Anglais ou Allemand il mourra;
et ainsi des enfants qu'il aura, et qui, nés en France,
Anglais ou Allemands resteront: à un moment donné, le
bout de l'oreille reparaîtra toujours sous la peau du lion.

En pénétrant dans la chambre d'une femme, si vous trouvez quelque désordre dans l'ensemble de la décoration, un désaccord dans l'harmonie des couleurs, quelque chose qui jure et hurle dans les détails, vous pouvez hardiment dire que ce n'est pas l'intérieur d'une Parisienne et neuf fois sur dix vous aurez raison.

Dans le cabinet de toilette, toute la place qui n'est point occupée par la table de toilette est garnie d'armoires pour les robes, vêtements et linge personnel à Madame. Quelquefois aussi et le plus souvent même si l'espace le permet, c'est là où est placée l'armoire au linge de la maison, dont toute véritable maîtresse de maison, digne de ce nom, doit garder la direction et la surveillance.

La chambre de Monsieur est tout autre que celle de Madame.

A moins que la profession ou les occupations n'obligent Monsieur à avoir un cabinet pour recevoir, c'est sa chambre qui s'ouvre aux relations d'affaires professionnelles ou privées; c'est chez lui aussi le plus souvent, qu'au café, les jours de réception de gala, de dîners priés, les invités se réfugient pour fumer un cigare ou une cigarette. L'usage du tabac, depuis cinquante ans, est devenu si général qu'aujourd'hui il n'est guère de maîtresse de maison qui n'ait dû le tolérer; ne pouvant le proscrire, on a posé des limites à son invasion; dans les grandes installations, une pièce est réservée exclusivement au tabac, et le fumoir a permis souvent aux architectes décorateurs de faire preuve d'originalité, de fantaisie et de caprice.

Dans les maisons modestes, qui nous occupent ici, ce

luxe n'est point permis, aussi est-il d'usage que, après
le dîner, tandis que les dames passent au salon pour
prendre le café, les hommes restent dans la salle à manger ou se rendent dans la chambre de Monsieur pour
satisfaire leur passion pour l'abrutissante nicotine. La
chambre de Monsieur devient donc nécessairement un
peu bonne à tout faire, cabinet de travail, fumoir et
chambre à coucher tout à la fois ; ses diverses attribu-
tions lui donnent dès lors un aspect particulier où le
caractère général du maître de la maison se révèle immédiatement. S'il est indolent, paresseux, égoïste, le
lit occupera la plus grande place, il sera grand, large,
élevé, un amas de laine et de plumes, la toison de tout
un troupeau, le plumage de plusieurs basses-cours.
Peu importe pour le possesseur que la forme en soit
lourde, disgracieuse, sans style, que la couleur des rideaux qui l'enveloppent soient en harmonie avec le
reste des tentures, ou bien que cette couleur crie et
tempête, une chose unique l'intéresse par dessus toutes
les autres, la satisfaction de sa passion dominante ; le
reste du mobilier est à l'avenant, fauteuil à la Voltaire,
brougham, canapé ottomane sur lequel en été on peut
s'étendre et faire la sieste. Un chiffonnier pour les menus
objets de toilette, le cabinet de toilette étant affecté au
gros des vêtements ; pas de bureau, ou un bureau mi-
nuscule dans un coin, quelquefois à contre-jour ; une
petite vitrine pour quelques livres, remplacée le plus
souvent par une étagère où l'on aperçoit de rares bou-
quins ; s'il est particulièrement fumeur, quelquefois
des pipes de fantaisie, accrochées en trophée pour orne-
ment. Près du lit, à portée de la main, une table de

nuit à volets ouverts, surchargée d'objets, verre d'eau, sucrier, porte-allumettes, bougeoir, de façon à n'éprouver aucun dérangement. Au milieu de la pièce, remplaçant le bureau, une table couverte d'un tapis de drap imprimé, sur laquelle un encrier syphon, quelques plumes, un peu de papier, et un attirail plus complet de fumeur, pot à tabac, porte-cigares, etc.

Sur la cheminée, ordinairement en marbre noir ou gris, une glace comme en fournissent tous les propriétaires et une garniture insignifiante; un bloc de marbre portant un cadran, surmonté d'un *zinc d'art signé*, comme disent les brocanteurs pour faire valoir leur marchandise, ou d'un bronze d'égale valeur; pendule accompagnée de deux coupes en galvanoplastie sur pieds de marbre, et deux flambeaux assortis.

Les murs sont tendus de papiers choisis par le propriétaire, papiers de qualité moyenne, de couleur douteuse, fond gris, vert d'eau, terre de sienne ou ocre, avec grands ramages ou semés de bouquets de fleurs criardes; les rideaux des fenêtres et du lit sont indifféremment rouges, bruns, verts, bleus, avec ou sans ramages; il sont drapés sans grâce, par un tapissier à façon; quand, par hasard, ils sont mieux disposés et d'une façon plus élégante, on reconnait qu'ils ont été achetés tout confectionnés dans quelque grand magasin de nouveautés et choisis parmi ceux qu'on met en étalage pour attirer le chaland, c'est-à-dire d'un travail et d'une qualité supérieures au prix auquel ils sont cotés.

Si, au contraire, le maître de la maison est actif, s'il a conservé de ses études premières quelque goût pour les choses littéraires, s'il a quelque peu le sentiment

inné des œuvres d'art, tout cela forcément déteindra
plus ou moins sur le milieu dans lequel il est appelé à
vivre. Au lieu d'être le principal, le lit tiendra à n'être
que l'accessoire ; il sera plus succinct, moins apparent,
plus sommaire et se réduira à l'indispensable pour procurer le repos nécessaire à la santé. Il occupera la place
la moindre possible et, souvent, disparaîtra complètement au milieu d'une draperie en étoffe plus ou moins
habilement agencée. La bibliothèque sera un meuble
ou en acajou avec vitrage, ou en bois noirci, ou simplement un bâti de chêne ciré avec rayons mobiles sur cré-
maillères, permettant de placer dans un même espace
un plus grand nombre de volumes et les mettant à
portée de la main plus facilement qu'un meuble fermé.

La table sera une table de travail, plus grande, plus
large, solide sur ses pieds, placée dans le meilleur jour
possible. Le « tout ce qu'il faut pour écrire » sera plus
complet. Une petite papeterie contiendra des papiers
de formats différents et des enveloppes variées. Les
outils ne manqueront pas dans le plumier et l'encrier
aura tout au moins les prétentions d'un objet mobilier.
Quelquefois ce sera un véritable bronze, ou bien aussi,
si le hasard a été clément pour le maître de la maison,
une pièce de faïence de nos vieilles fabriques de Nevers
ou de Rouen.

Je dis hasard, parce que les truqueurs sont quelquefois
d'une habileté rare et que les plus fins s'y laissent prendre. A ces reproductions des choses du temps passé,
quand elles ont des qualités réelles, si le seul reproche à
leur adresser n'est autre que leur âge, je comprends
parfaitement qu'on les préfère encore aux laideurs mo-

dernes. Je ne blâme que la supercherie qui a pour but
de tromper sur leur provenance. Personne autre que le
Louvre ne peut posséder la Vénus de Milo et, cependant,
un bon moulage est partout bien placé, et plus intéressant qu'un grand nombre de marbres modernes. Ce
qu'il importe — et en décoration c'est une règle
absolue, — c'est la bonne foi. Simili bois, simili pierre,
simili marbre, simili bronze, c'est-à-dire ce qui domine
trop malheureusement un peu partout dans les milieux
qui nous occupent, devrait être banni impitoyablement.
Avec du goût, on peut atteindre au beau, avec les choses
les plus simples, les plus modestes, les plus naturelles.

Chez les gens qui ne sont pas véritablement doués
naturellement, et chez lesquels l'éducation du goût a été
négligée, ce n'est quelquefois qu'un désir d'imitation qui
les guide; c'est ce qui fait que dans les milieux moyens,
nous trouvons la chambre de Monsieur meublée, ce que
l'on appelle *artistement* : le résultat obtenu n'est alors
que la caricature de la chambre d'un amateur véritable,
ou d'un artiste. C'est dans ces intérieurs — aujourd'hui
si nombreux — que les fabricants de camelotes du
faubourg Saint-Antoine, écoulent leurs mobiliers en
chêne sculpté, style gothique ou Renaissance. Lit, commode, secrétaire, table, fauteuils, chaises gothiques, bibliothèques, cabinets, bahuts renaissance; tout cela sculpté,
mouluré à la mécanique, grossièrement cela va s'en dire,
telle est en général la chambre à coucher de Monsieur,
quand il n'a que des prétentions à suivre la mode ou à
paraître. Alors les peintures des boiseries, des portes et
des fenêtres sont brunis, les murs sont tendus de papiers
verdures; des verdures imprimées sur calicot ou mous-

seline de laine sont drapées aux fenêtres et au lit, la cheminée moderne, en marbre noir, est habillée de même
étoffe; les vitrages sont embellis par des vitraux suisses
ou allemands, ou bien encore par des essais personnels,
plus ou moins fantaisistes, de décalcomanie. Généralement le plafond, surtout quand il y a une rosace de
carton pâte, reste blanc, ou s'il n'est pas orné, le comble
du luxe est d'y simuler avec du papier de chêne et du
papier azuré, semé de fleurs de lys ou d'étoiles d'or, un
plafond à poutrelles ou à compartiments.

Il est difficile d'imaginer une pièce qui donne plus de
satisfaction à celui qui l'a ainsi décorée, mais qui soit
en même temps plus déplaisante à ceux qui ne font que
la visiter.

Quant au cabinet de toilette de Monsieur, une fois
la place réservée pour la table de toilette, une partie
des murs reçoit des porte-manteaux ou planches pour
les vêtements et les chaussures; le reste de l'espace
sert un peu de magasin pour resserrer les débarras, les
malles, les cartons à chapeaux, tout ce qui ne peut être
montré, ou qui n'est que d'un usage accidentel.

Tels sont, à des différences de détails près, neuf
cent quatre-vingt-dix-neuf appartements sur mille.

Dans un milieu aussi peu agréable, aussi peu attrayant,
quel plaisir réel et quel repos peut-on trouver après les
occupations du jour, les exigences de la vie et les devoirs
sociaux? Cela n'explique-t-il pas les modifications qui
ont été apportées, depuis un certain nombre d'années
déjà, à nos habitudes et à nos mœurs, et n'y trouverait-
t-on pas quelques circonstances atténuantes à la déser-
tion de plus en plus fréquente de la vie de famille. De là

aussi le succès toujours croissant du café, il y a vingt-
cinq ans, du cercle aujourd'hui. Inconsciemment, la
plupart du temps, l'homme se trouve mal chez lui et il
va au cercle où il trouve le confort et l'art qui le réjouis-
sent; si ce n'est au cercle, c'est au café où, incontestablement, dans la décoration somptueuse, tout n'est pas
à louer, mais où souvent l'art se manifeste.

Et ce que je dis pour la classe moyenne, peut également
s'appliquer à ceux qui, au lieu du cercle et du café, ont
la brasserie ou le cabaret: il y a des marchands de vin
et des liquoristes qui rivalisent avec les cafés les plus
riches, et qui confient à des artistes, qui ne sont certainement pas sans mérite, la décoration peinte de leurs
plafonds ou de leurs murs.

Je l'ai déjà dit et on ne saurait, je pense, trop le
répéter, il en était autrefois autrement; nos pères avaient
au plus haut degré l'amour du foyer domestique; s'ils
y revenaient sans cesse et ne le quittaient qu'à regret,
s'ils s'y plaisaient tant, c'est qu'ils y trouvaient, plus et
mieux qu'aujourd'hui, un lieu agréable de paisible travail ou de tranquille repos.

Refaire le foyer domestique comme nos pères le comprenaient, c'est travailler sûrement à refaire la patrie si
meurtrie et si éprouvée.

CHAPITRE II

L'APPARTEMENT COMME IL DOIT ÊTRE

Nous vivons dans un temps où, chaque jour, les mots tendent à perdre leur signification première, ou tout au moins la signification de certains mots se dénature complètement. Quand, en écrivant ce petit manuel, nous disons que nous nous adressons à la classe de fortune ou de revenus moyens, il y a cinquante ans, certainement, nous aurions dit : ceci s'adresse à la bourgeoisie ou à la classe bourgeoise, et nous aurions été certainement plus précis ; car, pour personne alors, il n'y aurait eu doute, chacun aurait compris que nous avions le désir de parler à tous.

Mais, en détournant le mot de *bourgeois* de sa signification véritable, on en fait, aujourd'hui, ou un terme d'injure, ou un terme de dénigrement ; c'est donc pourquoi nous employons les termes de *maison moyenne*, de *classe moyenne*, quand autrefois nous nous serions expliqué plus clairement en disant tout simplement maison bourgeoise, c'est-à-dire maison dite en opposition à palais ou hôtel, maison logeable et commode, bâtie sans luxe et sans magnificence, à l usage de bourgeois aisés, jouissant, soit par leur travail, soit par leurs revenus, d'une fortune moyenne.

Dans tout ce qui nous reste à dire nous aurons plus d'une fois encore sans aucun doute à employer un de ces termes, il faut donc que sa signification en soit bien nette et bien précise. Du reste, en prenant pour exemple, le type d'un intérieur bourgeois, exigeant déjà un revenu moyen assez convenable, les observations présentées seront assez générales pour pouvoir être également utiles à ceux qui ne posséderaient que des ressources moindres, comme à ceux dont la fortune serait un peu plus élevée. Les règles du beau, du bon ou du bien sont immuables et également profitables à tous. Avec peu on peut faire très bien, comme avec beaucoup on peut arriver aux résultats les plus déplorables. Il ne s'agit que de savoir tirer parti de ce que l'on a. On peut, avec deux pièces, se faire un intérieur agréable aussi bien qu'avec six ou douze mal agencées. Quant aux dépenses que nécessite l'installation d'une habitation, qu'elle soit grande ou petite, nous croyons que tout dépend de la direction et de la science qui président à cette installation. A dépense égale, celui qui sait fera incontestablement bien, là où celui qui ignore n'obtiendra que de piètres et tristes résultats. Nous pensons même — et nous pouvons dire que nous attestons — que, presque toujours, celui que guide son bon goût, atteindra le résultat désiré en dépensant moins.

Dans tout ce que nous avons à proposer, à conseiller, il ne sera jamais question de ce qu'on est convenu communément d'appeler le luxe. Certainement la magnificence attire tout d'abord ; mais, ce qui arrête le plus, c'est l'élégance, le bon goût, la parfaite exécution. La simplicité n'exclut ni l'harmonie, ni la pureté des

formes, ni l'achèvement de toutes les parties. Ce sont
là des qualités propres à l'art, qui n'a que faire pour
briller d'être somptueux.

C'est donc l'art qu'il faut étudier, c'est l'éducation du
goût qu'il faut faire.

Le luxe lui-même est soumis aux règles de l'art.

« L'équilibre de votre budget, dit M. Alphonse Grün,
vous permet-il le luxe? Sachez le bien choisir : il y a
un luxe qu'on peut appeler vrai et moral; un autre
faux et vicieux. D'abord, ce qui donne à l'intérieur de
l'habitation un aspect agréable et qui fait qu'on aime
à se trouver chez soi, est un luxe de bon aloi. La possession et la contemplation des œuvres d'art élevant la
pensée, entretiennent ou développent le sentiment du
beau.

» Le faux luxe ne vise pas à la beauté, mais à l'apparence; il ne satisfait pas une tendance noble, mais
une petitesse d'amour-propre; il se soucie peu de l'art,
mais beaucoup de la mode; il ne veut pas d'une chose
parce qu'elle est belle, mais parce qu'elle est chère;
parce qu'elle est agréable, mais parce qu'elle est rare.
Entre tous les gens possédés par ce luxe laid et rui-
neux, il y a une éternelle course au clocher des vanités,
des égoïsmes, des orgueilleuses ostentations, des excen-
tricités de mauvais goût. »

Et, dans un mémoire *sur l'influence des arts du dessin
sur l'industrie*, couronné par l'Institut, M. Achille
Hermant, disait : « Sans art, c'est-à-dire sans l'obser-
vation des règles qui le contiennent et sans le goût qui
le dirige, le luxe n'est qu'une chose sans nom, un
pitoyable effet de la vanité. »

Au moment où nous allons entrer de nouveau dans la maison que nous avons décrite dans le précédent chapitre, pour examiner ce qu'il y aurait à faire pour l'améliorer et la rendre agréable à habiter, pour nous faciliter la tâche, admettons qu'il y a tout à faire et que nous avons toute liberté d'action, tant pour la décoration que pour l'ameublement. Supposons, par exemple, qu'un ami, un parent, nous a chargé de l'installation complète d'un jeune ménage.

Un mot toutefois avant de franchir le seuil de l'appartement.

Quand on a arrêté son choix sur un appartement, qu'après l'avoir étudié avec soin, on s'est rendu exactement compte de ce qu'il reste à faire pour le décorer et l'embellir à sa guise, comme nécessairement dans quelque état qu'il se trouve, il y aura quelques changements plus ou moins importants à faire, soit dans la peinture d'une pièce ou la tenture d'une autre, il est indispensable de s'en assurer la jouissance pendant une période aussi grande que possible. Il serait niais de remettre en état un appartement pour qu'un autre en profitât. Faire la moindre réparation dans un logement, c'est donner au propriétaire une raison de vous augmenter, ou de vous donner congé. Un propriétaire, souvenez-vous-en, ne connaît rien, ni personne, pas même les siens, quand il s'agit de son immeuble.

En voici un exemple entre mille :

Il y a vingt-cinq ans, à l'époque où le prix des loyers dans certains quartiers élégants commençait à s'élever, un charmant garçon de mes amis, très artiste et très amoureux des épaves du passé qui commençaient à être

vivement recherchées, habitait, sur les boulevards entre
la rue Montmartre et la Madeleine et depuis quelques
années déjà, un appartement de garçon assez complet
dans une maison appartenant à sa mère, riche du
reste et n'ayant que lui d'héritier. Quand, en possession
de sa fortune personnelle, il avait quitté le faubourg
Saint-Honoré où habitait sa mère pour s'installer au
boulevard, il avait été convenu qu'il paierait l'appartement, dont il prenait possession, le prix que le payait
le précédent locataire, c'est-à-dire quinze cents francs.
Cinq ou six années s'étaient ainsi écoulées et il s'était
montré le locataire le plus exact, payant régulièrement
son terme et ne demandant aucune réparation ; voya-
geant beaucoup, l'été parcourant l'Espagne, l'Italie,
l'Orient ; rapportant de ses voyages pas mal de curiosités.
meubles, étoffes, tapisseries ; bibelotant l'hiver, suivant
les ventes, vivant un peu dans les ateliers, au milieu
d'artistes qu'il aimait et dont il estimait le talent ; ache-
tant des livres, des tableaux, des gravures et des bronzes ;
entassant, comme cela arrive presque toujours, le tout
un peu au hasard, il lui prit un jour la fantaisie de
mettre un peu d'ordre. Ce n'était possible qu'à une
condition, transformer complètement son appartement.
Appelant à son aide un architecte décorateur de ses
amis, artiste d'un talent original, tous les deux se mi-
rent à dessiner des modèles ; on mit à l'œuvre les tapissiers, les ébénistes et les peintres ; avec des vieux panneaux sculptés du xve et du xvie siècle, on refit des portes
ou des lambris ; les moulures furent modifiées ; la
hauteur le permettant, on ajouta des poutrelles à un
plafond, on fit des compartiments à un autre, au moyen

d'anciennes boiseries provenant de la démolition d'un
vieil hôtel ; les murs furent couverts avec d'anciennes
tapisseries ou de vieilles soieries ; des tapis achetés à
Smyrne ou à Téhéran furent étendus sur les parquets ;
les meubles restaurés furent mis en place, ainsi que les
bronzes, les tableaux et les terres cuites. Ce travail, qui
lui coûta une vingtaine de mille francs, dura six mois
au moins et fut exécuté avec le soin qu'on exige quand
il s'agit d'une maison à soi, — mon ami ne se croyait-
il pas avec quelque raison chez lui, sa mère n'ayant
que lui.

Quand tout fut en place, bien terminé, sans laisser
aucune prise à la critique, heureux de son succès, plus
heureux encore de pouvoir jouir de la vue de toutes les
richesses qu'il avait recueillies, dans des voyages ou
des recherches qui avaient été sa vie depuis quelques
années, mon ami en parla à sa mère et l'invita à venir
un matin déjeuner avec lui : une bonne fortune pour
une mère et un fils qui s'aiment tendrement.

Madame S... vint en effet, deux jours après ; elle
admira tout d'abord chaleureusement ; on se mit à table
le déjeuner fut charmant. Avant de partir, ayant mis
déjà son chapeau, Madame S... visita de nouveau l'appartement, examinant tout et les portes refaites, et les
boiseries et les plafonds. — Sais-tu, dit-elle, dans
l'antichambre, au moment de partir, sais-tu que c'est
charmant et que ton appartement vaut aujourd'hui
six mille francs.

Perdre les vingt mille francs qu'il venait de dépenser
pour l'embellir lui parut dur ; il préféra subir l'augmentation, mais il exigea un bail.

Exigez toujours un bail, et le plus long possible, si
vous devez faire quelques améliorations dans l'appartement où vous entrez. Méfiez-vous toujours du propriétaire qui se refuse à faire un bail, il a une arrière-
pensée de profiter de la première circonstance heureuse
qui surviendra pour vous imposer une augmentation
exagérée, hors de toute proportion. Ne vous laissez pas
non plus leurrer par ces clauses de trois, six, neuf, avec
faculté de se prévenir mutuellement six mois à l'avance,
c'est exactement comme si vous n'aviez qu'un bail de
trois ans; car, jamais un propriétaire, à l'époque précise,
n'oubliera de vous prévenir qu'en raison de l'augmentation des impôts, de la cherté des vivres, des rigueurs
de l'hiver, des pluies du printemps ou des chaleurs de
l'été, il se voit dans la pénible obligation d'augmenter
ses loyers. Plutôt que d'accepter cette clause, qui laisse
toute marge à l'inconnu, consentez immédiatement à
subir, chaque période de trois années, une augmentation
librement débattue qui vous mettra à l'abri de l'imprévu,
tout en vous garantissant la jouissance, jusqu'à l'expi-
ration de la plus longue période. Ceci est encore le plus
sage, mieux vaut toujours savoir où l'on va que de
marcher à l'aveuglette vers l'inconnu.

I. — L'ANTICHAMBRE

La première règle qui s'impose, quand il s'agit de la
décoration d'une maison, c'est la convenance. Chacune
des pièces d'un appartement ayant sa destination propre,
il importe de la traiter de telle sorte qu'elle réponde au

mieux possible à toutes les conditions exigées par les
convenances. Ce serait une hérésie de décorer une antichambre aussi luxueusement que le comporte un
salon ; la salle à manger doit être traitée autrement
que la chambre à coucher.

Dans un appartement bourgeois, et même dans la plupart des grands appartements modernes, il n'y a plus
comme autrefois de vestibule où se tenaient les serviteurs
de la maison, les valets de pied des visiteurs, ceux qui
venaient en commission et attendaient une réponse,
vestibule précédant un salon d'attente où se tenaient,
avant d'être reçues, les personnes d'un ordre plus élevé.
Il n'y a plus guère aujourd'hui de vestibule que dans
quelques grands hôtels particuliers, dans les ministères
ou administrations publiques, ou dans les grandes administrations de banque ou de chemins de fer.

L'antichambre, aujourd'hui, tient lieu tout à la fois
de vestibule et de salon d'attente ; elle doit donc répondre à ces différents besoins sans choquer aucune
convenance. A la couleur de la robe on reconnaît le
moine, à l'inspection d'un appartement on se fait une
idée juste de l'homme qui l'habite. Trop de luxe dans
l'antichambre est une preuve d'ostentation ; la présence
de ces mauvais coffres-bancs sans dossier, rudement
rembourrés, est un signe de hauteur et de sotte vanité.
Ne donner à ce siège, qui est destiné surtout à des domestiques ou à des commissionnaires venant de loin et
harassés souvent, ne donner à ce siège aucun confortable, ne me fait préjuger, je le dis, rien de bon du
propriétaire. Quel que soit le rang, quelle que soit la po-
sition des personnes auxquelles nous avons affaire, son-

geons moins à ce que nous leur devons qu'à ce que
nous nous devons à nous-mêmes :

— Monseigneur, dit Polonius à Hamlet, en parlant
de pauvres comédiens ambulants, je les traiterai suivant
leur mérite.

— Et vraiment, traitez-les beaucoup mieux, répond
le prince de Danemark; si vous traitiez chaque homme
selon ses mérites, qui donc échapperait aux verges ?
Traitez-les selon votre propre honneur et votre dignité;
moins ils peuvent y avoir de droits, plus votre bienveil-
lance vous honore.

C'est en jetant un coup d'œil sur la plupart des anti-
chambres qu'on s'aperçoit combien peu de gens
mettent en pratique cette belle maxime de Shakespeare.
On oublie beaucoup trop ce qu'on se doit pour ne donner aux autres que bien juste ce qu'on croit leur devoir,
comme si le respect de soi-même était une considération secondaire.

Une grande simplicité, point d'éclat, point de luxe,
c'est ce qui convient le mieux à une antichambre. Si,
comme cela se rencontre le plus fréquemment aujour-
d'hui, on a simulé de hauts panneaux peints en vieux
chêne ou de couleur sombre, ce qui comporte pour les
portes, fenêtres et corniches du plafond, une décoration
de même teinte, tout cela peut être maintenu ; quant
à la partie des murs au-dessus de la cimaise, ce serait
un hasard s'il était possible de conserver le papier
choisi par le propriétaire. Il sera remplacé par un de ces
papiers cuirs comme on en trouve dans quelques-unes
des bonnes fabriques parisiennes; on le choisira de
couleur foncée, brune par exemple, sans dorures,

mais avec quelques feuillages et fleurs rehaussés sobrement de couleurs. Au lieu d'être conservé dans sa blancheur immaculée, le plafond recevra une couche de couleur à l'huile, dans un ton de terre cuite par exemple, ou gris azuré, comme certains papiers à dessin, ces teintes légères ne retirant en rien de la clarté, mais détruisant la tache criarde des blancs crus employés ordinairement. Au centre, on placera une lanterne à gaz; pour une antichambre, comme pour la cuisine, les couloirs de service, le gaz est assurément le meilleur mode d'éclairage. Dans toutes les maisons modernes, l'installation est complète à tous les étages; mais, quand elle n'existe pas encore, rien n'est plus facile que de l'obtenir et le locataire n'a point d'autres frais que ceux qui concernent son appartement.

Le modèle de la lanterne sera simple, dans le style du xvie, ou commencement du xviie siècle, autant que possible; elle sera en cuivre travaillé au marteau, sans ciselure, ou mieux en fer forgé dans le même style. On trouve dans les maisons de premier ordre, comme par exemple, la maison Renon et Cie, que nous recommanderons encore, quand nous en serons à la salle à manger, des modèles d'objets en cuivre ou en bronze qui ne laissent rien à désirer sous le rapport du dessin, de la pureté de style et de la perfection du travail, et dont les prix ne dépassent pas, et quelquefois même sont inférieurs, à ce qu'on trouve dans le commerce de détail.

Règle générale pour tout ce qui concerne l'ameublement et la décoration d'un appartement, pour avoir beau, bon et bon marché, il faut s'adresser aux meilleurs fabricants, sans l'intermédiaire des détaillants qui cherchent à faire les plus grands bénéfices possibles au détriment du consommateur.

L'intermédiaire est la plaie et la ruine du commerce. C'est un parasite qui prospère aux dépens de tous et le public a tout profit à s'adresser directement aux lieux de provenance pour tout ce qu'il consomme. Le bon marché qu'on suppose obtenir en se servant d'intermédiaires est une duperie. Le bon marché ne s'obtient qu'au détriment de la qualité des objets qu'on achète et qu'il faut renouveler constamment. On paie toujours trop cher ce qui ne vaut rien.

L'antichambre n'est jamais assez grande pour exiger un nombreux mobilier. Les objets essentiels sont une table, des sièges et un porte-manteau-porte-parapluie. Rarement il y a place pour d'autres objets. La table sera en chêne bruni et ciré; solidement construite, avec de simples moulures bien profilées, sans sculptures, d'une forme élégante et agréable à l'œil, d'un style pur toujours; les siècles passés nous en fournissent de précieux modèles qui n'ont rien de commun avec ce qui se fait couramment et qu'on vend sous l'étiquette de tables gothiques ou renaissance.

Les sièges seront de même en chêne ciré, larges de siège, hauts de dossier, et les quelques ornements qu'ils pourront comporter seront toujours en bas-reliefs; ils seront garnis en cuir brun frappé.

Le meuble le plus difficile à trouver, et le plus difficile à caser aussi quelquefois, c'est le porte-parapluie-porte-vêtements. Les modèles ne manquent certainement point dans le commerce; on en fait en bois, en fonte,

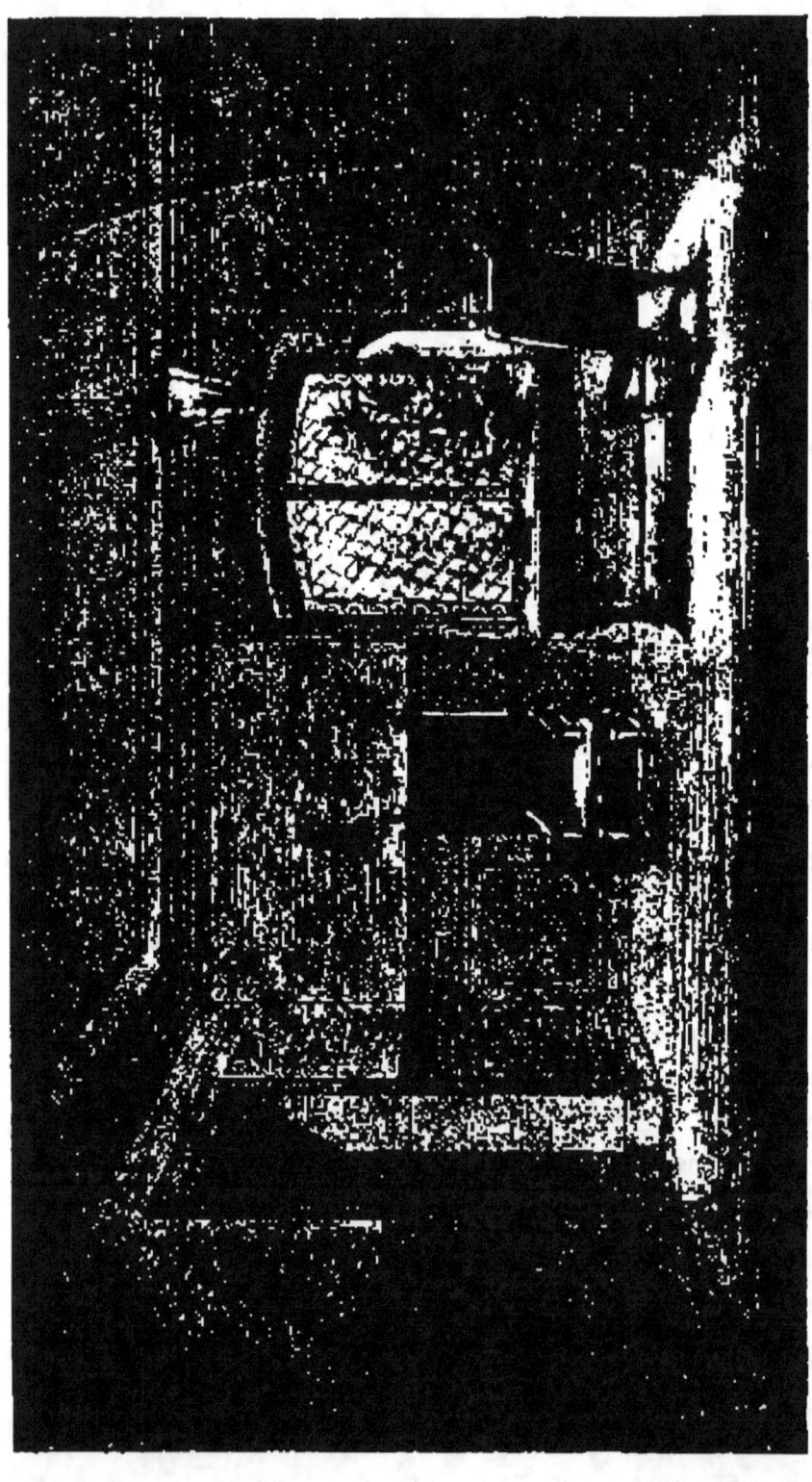

L'automobile

en fer, en cuivre, avec glace et sans glace; mais combien ils sont disgracieux et laids presque tous. Le meilleur encore sera le plus simple, en chêne teinté comme le reste du mobilier. La meilleure place sera toujours la moins apparente, une encoignure la plupart du temps, et l'on en trouve construits pour cet emplacement.

Une chose utile aussi et qui n'est point déplacée dans une antichambre, c'est une glace qui sera posée au-dessus de la table, au milieu d'un panneau. Le cadre sera en chêne ou en bois noir ciré, dans le style des cadres florentins, ou bien encore avec des applications de cuivre ou de fer repoussé; on en trouve encore quelquefois d'anciens à des prix raisonnables, qui vaudront toujours mieux que des modernes; mais si l'on est obligé de recourir à un objet du temps présent, qu'on achète une franche et loyale imitation dont le travail sera soigné, plutôt qu'un truquage comme il en passe tant et si souvent à l'hôtel Drouot.

J'ai dit que la fenêtre de l'antichambre donnait presque toujours sur une cour intérieure et qu'elle avait vue sur des communs peu agréables. Le seul remède à ce désagrément et qui fournit en même temps un excellent motif de décoration, c'est l'emploi de vitraux de couleurs. Il y a des verres anglais qui garantissent parfaitement de la curiosité extérieure et qui n'interceptent en rien la lumière. Un simple arrangement en losanges, composés de verres teintés légèrement et de colorations différentes, avec un filet de verre rouge ou vert, est d'un effet très satisfaisant! Cette vitrerie aujourd'hui ne coûte point très cher et est en somme très économique; elle dispense d'abord des rideaux de mousseline qui s'usent vite par suite des blanchissages fréquents; elle dispense encore, et, c'est une économie plus notable encore, des grands rideaux d'étoffe qu'on serait obligé de placer à la fenêtre pour intercepter toute communication avec le voisinage extérieur, quand la lanterne est allumée le soir.

Ce qu'on peut encore recommander pour une antichambre, ce qui contribue grandement à sa décoration tout en étant d'une utilité réelle et profitable, c'est l'emploi des portières. On importe d'Orient, du Turkestan, de Smyrne, de Caramanie, des tapis excellents pour cet usage; il y en a d'anciens, très somptueux, dont le prix est très élevé; mais il y en a aussi de modernes, d'excellente qualité, de couleurs très harmonieuses, d'un bel effet décoratif et dont les prix sont fort modérés. La portière a cet avantage de garantir du froid extérieur et l'économie de chauffage qu'on obtient par une installation bien comprise et intelligente, arrive assez rapidement à couvrir l'intérêt et l'amortissement des sommes employées en tapis ou portières de tous genres. Je ne parle pas des rhumes et des bronchites dont on est à l'abri dans un appartement bien clos, ce qui est bien quelque chose à considérer.

Je n'ai pas besoin d'ajouter que dans le choix des tapis destinés à faire des portières, il doit toujours être tenu compte de la tonalité de la tenture; rien ne doit faire disparate, ni contraste violent, mais bien un ensemble harmonieux. Il en sera de même du tapis qui recouvrira le parquet; et c'est vraisemblablement dans une des variétés des rouges qu'on trouvera ce qui sera le plus convenable.

Le grand plan d'ensemble décoratif tracé, il ne reste plus que les détails et les accessoires. Ceci est presque toujours l'œuvre du temps, Le cadre est préparé et disposé pour recevoir le complément décoratif que peut fournir l'occasion ou le hasard. Il y a nombre de bibelots qui font très bien dans une antichambre ou sur la table : une grande vasque avec des fleurs par exemple, et aussi, accrochés aux murs, des faïences, des dinanderies, des armes, des bibelots japonais, mais tout cela ne s'achète pas en tas comme des pommes. Cela se rencontre, se cherche, se trouve, demain l'un, dans quinze jours un autre. Le bibelot n'est même intéressant qu'à ce prix. On me trouvera donc toujours sobre d'indications à cet égard, d'autant plus qu'il vaut encore mieux ne point charger ses murs, les laisser dans leur plus grande simplicité, que de les surcharger de choses médiocres ou de mauvais tableaux.

Un autre genre de décoration, adopté assez fréquemment par les propriétaires, est, comme je l'ai dit plus haut, celle qui consiste à couvrir les murs de papier peint simulant le marbre et de peindre les boiseries de couleurs imitant le bois de citron et l'érable, le chêne verni et le sapin, quand la peinture ne consiste pas, tout simplement, en teintes plates de tonalités décroissantes. Comme, ici, il ne s'agit point de tout refaire à son goût, il faut chercher à tirer parti le mieux possible de ce qui est, quand ce qui est n'est pas d'une laideur révoltante, comme cela se trouve quelquefois.

En somme, les efforts d'imagination des architectes chargés de la construction des maisons modernes, dites de rapport, ne sont jamais bien considérables. Quand la décoration d'une pièce est sombre, le cercle dans lequel ils tournent n'est point grand : s'il s'agit des premiers étages, dont il est convenu que la décoration sera plus luxueuse, ce sont des imitations de bois, de vieux chêne bruni, d'acajou, de palissandre ou d'ébène qu'ils commandent, avec des imitations de marbre noir, rouge ou vert, là où l'emploi des marbres est indiqué dans les maisons réellement luxueuses ; quelquefois ils se permettent dans les panneaux quelques filets ou plus clairs ou plus foncés, simulant des incrustations, quelquefois un filet or, et une touche de rehaut dans les moulures, et c'est tout ; pour les décorations plus simples des étages supérieurs, on se borne à des teintes plates dont les tons vont du noir au brun, avec toutes les variations que ces couleurs comportent par l'adjonction plus ou moins grande de bleu, de rouge, de jaune ; là encore quelquefois quelques filets ou rehauts variant du noir au rouge ou quelques touches d'or.

Le même système est employé quand la décoration doit être claire ; pour les premiers étages, des bois de citron et d'érable, de chêne ciré et de sapin ; les imitations de marbres les plus employées sont les marbres blancs, gris, l'onyx, la malachite, le serpentin ; les filets ou incrustations des boiseries simulent l'ébène ou l'ivoire.

Quand les peintures se bornent à de simples teintes plates, tout tourne dans le cercle du blanc, du gris ou de l'ocre jaune, avec toutes les variantes que peuvent produire des adjonctions plus ou moins grandes de noir, de bleu, de vert, de jaune, produisant des saumons, des lilas, des mauves, des verts d'eau, etc.

Dans une pièce comme l'antichambre, où l'on doit éviter ce qui est éclatant, la tenture doit rester dans la gamme des boiseries ; si nous avons des bois, avec des papiers unis et des baguettes de bambou, de jonc, de roseau, on peut obtenir un bon effet décoratif. Les trop grandes surfaces unies sont toujours désagréables et il est toujours bon de les diviser par panneaux au moyen de lés de papier d'une couleur ou d'un ton formant des cadres, un papier d'un ton ou même quelquefois d'une couleur différente remplira ces cadres qui seront plus parfaitement délimités par l'application de baguettes de bambou ou de roseau. Nos fabriques parisiennes de papiers peints ont, dans leurs papiers unis, une admirable variété de couleurs qui laissent toute latitude pour le choix. On peut, par exemple, dans une antichambre dont les boiseries sont en érable et bois de citron, choisir pour l'encadrement des panneaux tracés, un de ces verts sourds rappelant les verts un peu affaiblis des vieilles tentures d'autrefois, puis pour le centre des panneaux, soit un ton feuille morte ou bien encore, si l'on ne craint pas un contraste, un brun laqué plus chaud qui sert admirablement à faire ressortir les bibelots qui viennent compléter si bien une décoration.

La mode est aujourd'hui aux japoneries, — et la mode en ceci a raison, — l'art japonais est tout simplement exquis. Dans une antichambre, on peut facilement satisfaire ce goût, sacrifier à cette mode, et cela sans se ruiner, si l'on sait choisir dans une maison de premier ordre, comme Mitzui, par exemple, qui est le consignataire du gouvernement japonais lui-même. En quelques visites dans ses salons, l'art japonais n'aura plus de secret pour vous, l'art ancien comme l'art moderne, l'art du bronze comme celui de la terre, l'art du bois comme celui des tissus. Ici nulle surprise, ni supercherie, comme dans trop de bazars japonais où le faux s'étale audacieusement, car on imite dans nos faubourgs tous les bibelots japonais et l'on fait tout payer aussi cher que ce qui est authentique. Dans les salons de Mitzui, il y a des merveilles, des chefs-d'œuvre, des pièces uniques que, seuls, les millionnaires peuvent aborder, mais il y a aussi, un grand nombres de choses adorables à la portée de toutes les bourses.

Quelques *fuskas* ou *foukousas*, dans leurs cadres de bambous, des carrés de soie ou de crêpe, sur lesquels de véritables artistes ont brodé ou peint un oiseau, un poisson, une fleur, un coin de paysage, une figure d'une grâce, d'une originalité, d'un caprice vraiment merveilleux. Il y en a d'anciens sur soie noire, bleue, rose saumonée, qui sont de vrais tableaux, et qui ont leur place désignée dans un musée ; mais il y en a beaucoup de modernes plus simples, peu coûteux, et devant lesquels on reste néanmoins en admiration. Avec cela quelques plats ou plaques de faïence, des masques grimaçants d'un caractère si amusant ! on relève immédiatement d'une façon gaie et réjouissante ce que l'ensemble pourrait avoir de trop sévère ou de trop monotone.

Quant au mobilier, il doit être assorti aux boiseries, toujours solide et de forme simple, quoique élégante et choisie, sapin verni et bambou, chêne ciré, bois de

citron et érable, si l'on ne calcule pas tout à fait à la
dépense. Les chaises, toujours confortables, seront pré-
férables cannées ; l'encadrement de la glace sera également en bambou. De même la lanterne sera choisie
dans les modèles que les arts de l'Orient ont fourni à
nos fabricants et dont ils ont tiré un excellent parti.
Enfin, pour les portières, les tapis qui viennent de
Perse, ceux à palmettes particulièrement, peuvent donner un choix dans les tonalités générales. de l'ensemble.
Quelquefois, on peut de même obtenir un excellent résultat avec de grosses étoffes bises ou écrues, de fil ou
de laine, sur lesquelles ont été brodés largement des encadrements de fleurs multicolores ; mais, bien qu'on
trouve dans le commerce, des choses de ce genre, ceci
n'a réellement de cachet véritable que quand, la maîtresse de la maison, femme de goût, habile à mille travaux féminins, qui sont pour elle alors un plaisir et
une distraction, s'est chargée de ce travail décoratif.
Il montre alors un esprit, une fantaisie, une convenance, qu'un ouvrier ou une machine ne saurait donner.

Pour les vitrages de la fenêtre, on trouve facilement
des verres gravés qui peuvent remplacer alors les vitraux
de couleur en verre anglais et rendent le même service en produisant meilleur effet.

II. — LA SALLE A MANGER

Depuis quelques années déjà, il s'est fait, dans l'art
de décorer une salle à manger une véritable révolution.
Sous prétexte qu'une salle à manger doit être gaie, —
et c'est juste, — pendant longtemps on n'avait trouvé

d'autre moyen pour atteindre ce but que de la tenir
presque blanche; c'était l'époque où les peintres en décor
excellaient dans l'imitation des marbres, et où la fabrique de papier peint ne produisait guère que des papiers
marbrés. On introduisait des grecques dans les corniches des plafonds et les tuyaux des poêles avaient des
prétentions de colonnes corinthiennes. Les cuivres du
buffet en acajou portaient des boucliers et des casques
romains, et les pieds des tables et des chaises n'étaient
autres que des pattes de lion. Cela a duré plus d'un
demi-siècle, sans changements sensibles, malgré les pro-
testations nombreuses qui se faisaient entendre. Il y a
même encore, tant la routine est forte, des maisons
modernes où les architectes perpétuent ces souvenirs
et considèrent comme un désordre — le désordre de la
Renaissance, ce mot m'a été dit par un architecte —
tout ce qu'on tente dans le goût véritablement français.

Malgré cela, dans le plus grand nombre des maisons,
on en est revenu à de meilleurs sentiments, et sans
vouloir faire de la salle à manger la pièce la plus triste
et la plus sombre de l'appartement, on a reconnu qu'un
cadre moins cru, moins nu, avait de sérieux avantages.

Si la salle à manger était une pièce purement intime,
si un étranger n'y pénétrait jamais, jusqu'à un certain
point on pourrait admettre qu'on négligeât sa décoration; il n'en est rien, bien au contraire. Les plus
grandes réceptions ont lieu dans la salle à manger, et, le
premier point, c'est qu'elle soit réellement hospitalière.
Les meilleurs dîners sont ceux où les femmes sont
le plus charmantes, et elles le savent si bien qu'elles ne
manquent jamais, quand il s'agit d'un dîner de céré=

monie, de se parer de ce qui peut le mieux relever leur beauté. Comment cette beauté, ces brillantes parures destinées à la faire ressortir, ces étoffes soyeuses, ces dentelles, ces fleurs, ces diamants qui la parent, comment tout cela pourrait-il ressortir dans tout son éclat sur le fond froid et cru d'un marbre blanc? Ce qu'il faut, au contraire, c'est un fond sombre, amorti, qui mette tout en relief et sur lequel tout se détache en lumière. C'est à cela que l'on revient aujourd'hui, suivant les traditions du vieil art décoratif français.

Au quatorzième siècle, nous trouvons dans les vieux manuscrits, dans les miniatures qui les illustrent, que la salle à manger était toujours l'appartement le plus vaste et le plus spacieux du château. Les murs étaient recouverts de longues tapisseries sur lesquelles étaient peintes des scènes tirées des fabliaux et des romans de chevalerie. Le parquet était recouvert de nattes et de fleurs. La table était au milieu et à l'autre bout le *dressoir* ou *dressouer* appelé *buffet* au quinzième siècle, et *crédence* au seizième. Disposé en gradin, on y plaçait dans un ordre favorable, des bassins, des vases enrichis des pierres les plus précieuses. Tous ces objets n'étaient que pour la vue, car les sculptures en ronde bosse, les dessins charmants qu'on y traçait se seraient mal associés avec la sauce des mets et le tranchant du couteau et de la cuillère. Comme éclairage, autour de la table une suite nombreuse de varlets, d'écuyers et de pages formaient le cercle, portant à la main des torches dans de superbes candélabres d'or et d'argent.

N'est-ce pas là, dans nos tout petits milieux modernes, et avec nos moyens, ce qui nous convient et ce que nous devons tenter de réaliser ?

Et, quand je parle ici de réalisation, ce n'est point une imitation servile que je conseille ; avec beaucoup de temps et beaucoup d'argent on n'aboutirait jamais qu'à une copie sommaire et mesquine ; mais ce que je réclame, c'est la convenance. Or, la convenance, ici, c'est un milieu élégant, agréable, hospitalier à la beauté. Il faut que tout rayonne et aboutisse au point central qui est la table, qui doit être éclatante, et par elle-même et par ceux mêmes qui l'entourent. La meilleure salle à manger est celle où la convenance est telle que l'œil d'un convive ne doit pouvoir s'arrêter un seul instant sur un point choquant ou désagréable, tandis qu'aussi rien, ne doit être assez éclatant pour détourner les regards et les distraire du point principal qui est la table même.

On ne saurait donc apporter trop d'attention dans le choix que l'on fera de tout ce qui concerne la décoration et l'ameublement de cette pièce. Ainsi, en ce qui touche le mobilier, que de précautions délicates auxquelles on ne pense guère et qui sont indispensables, si l'on cherche la perfection : l'aplomb des chaises, par exemple. Quoi de plus inquiétant qu'une chaise qui vacille et qu'on craint de sentir s'effondrer sous soi ; et les sculptures en ronde bosse des dossiers contre lesquels on n'ose s'appuyer de crainte de se meurtrir les épaules ; la disposition des pieds de la table contre lesquels on se heurte, qui vous meurtrissent et vous blessent ; et les sculptures en ronde bosse, comme celles des chaises, des buffets et tables à découper, qui accrochent et déchirent les robes des dames : ce sont autant de choses auxquelles bien des personnes ne songent point, et auxquelles il serait toujours bon de penser, aujourd'hui surtout que les pièces pèchent par la grandeur, que les salles à manger sont très étroites et rarement proportionnées au nombre de convives qu'on reçoit.

Comme je l'ai dit, la disposition architecturale qu'on rencontre le plus souvent dans les constructions modernes consiste en un soubassement assez élevé, 1 mètre, ou 1 mètre 25, suivant la hauteur de la pièce — et simulant une boiserie divisée en compartiments d'égales ou d'inégales grandeurs, suivant la fantaisie de l'architecte. La partie des murs comprise entre le soubassement et la corniche est destinée à recevoir une tenture, papier, cuir ou étoffe. Dans le plus grand nombre de cas, le soubassement, les boiseries des portes et des fenêtres ont reçu une peinture simulant le vieux chêne bruni. Il est vrai que, pendant un certain nombre d'années, les faux meubles gothiques en chêne sculpté à la mécanique ont été à la mode, et les fabricants en ont produit des quantités à bas prix qui les ont fait pénétrer dans un grand nombre d'intérieurs. On commence à se lasser de toute cette camelote et je trouve que l'on n'a pas tort.

Ce n'est pas que je repousse pour le mobilier de la salle à manger, et le chêne et les modèles des quinzième et seizième siècles, bien loin de là ; c'est, au contraire, à ces époques où nous avions un art vraiment national, qu'il convient surtout de demander des leçons et des exemples, si nous voulons enfin revenir aux saines tra-

4

ditions françaises; mais ce que je réprouve, c'est la pacotille qu'on débite sous le nom de meubles gothiques
ou Renaissance; ce sont les meubles, qui n'ont de
ces styles que le nom, mal ajustés, en dehors des proportions vraies, d'un dessin ridicule, surchargés de grossières sculptures. De bonnes maisons, dirigées par de
véritables artistes, empruntant à nos musées ou à nos
grandes collections, des modèles qui sont des chefs-
d'œuvre, confectionnent des pièces qui ne laissent rien
à désirer sous le rapport du style et le fini de la main-
d'œuvre. A défaut d'œuvres originales, qu'on ne trouve
plus que rarement et qui atteignent alors des prix considérables, je comprends qu'on s'adresse à ces maîtres
modernes de l'art de l'ameublement. Du reste, quel que
soit le style qu'on choisisse, si simple que soit le meuble que l'on se procure, la première des conditions,
c'est la perfection de la main-d'œuvre sans laquelle il
n'y a pas de durée. Trop de gens veulent des choses
apparentes à bon marché, se figurant sans doute en
imposer à ceux qui les voient; ils se trompent étran-
gement, et si on les distingue, c'est pour les classer parmi
les vaniteux ou les niais. Un meuble, moins surchargé
de grossières sculptures, plus simple de détails, pur de
forme et dont le travail délicat ne laisserait rien à désirer, ferait incontestablement plus d'honneur à leur goût.

En décoration, personne ne se laisse prendre aux
supercheries; aussi faut-il éviter tout ce qui est imitation. Si vous faites construire pour vous et que vous
désiriez des boiseries de chêne dans une pièce, employez du chêne que vous foncerez et cirerez, mais
que le chêne reste chêne; si les portes d'une pièce

doivent être en acajou, employez de l'acajou et non du sapin que vous feriez peindre en acajou; et si, quelque part, le marbre fait bien et est indispensable pour votre décoration, que ce soit du marbre et non du plâtre peint en marbre. Vous aurez beau faire, vous ne tromperez personne sur ces objets falsifiés. Aussi je conseillerai toujours, quand on décore un appartement que l'on a en location, de n'user que de peinture, de la belle et bonne peinture, dont les teintes pourront toujours être choisies pour concourir à l'effet de l'ensemble, ce qui, en résumé, coûtera beaucoup moins que toutes les mauvaises imitations de bois ou de marbre, si habillement faites qu'elles soient.

Dans la salle à manger qui nous occupe en ce moment, la première question à résoudre c'est le mobilier; on décore une pièce en raison du mobilier qu'on possède, on n'achète pas un mobilier en raison de la décoration de la pièce que l'on loue.

Aujourd'hui, à moins d'être une véritable œuvre d'art et coûter un prix assez élevé, si simple de sculpture qu'il soit, le mobilier en chêne sculpté est devenu banal, autant au moins que le meuble en acajou qui vaut incontestablement mieux, quand il est massif, d'un bon dessin et confectionné avec soin.

Les bois indigènes me semblent encore être ceux qui méritent la préférence, tels sont en première ligne le poirier et le noyer. Le poirier particulièrement, noirci et ciré, fournit les meubles les plus beaux qu'on puisse désirer pour une salle à manger. Il se prête aussi bien que l'ivoire aux détails les plus délicats de la sculpture et de la gravure; enfin, chose précieuse, il a la durée et la solidité. Dans les bonnes fabriques, on trouve des buffets avec dressoir, des tables et des chaises dont les modèles sont empruntés au seizième siècle et reproduits par de véritables artistes. Leur prix est un peu plus élevé que les meubles confectionnés par des procédés mécaniques; mais il n'y a aucune comparaison à faire entre eux. Le noyer s'emploie dans les mêmes conditions et donne des résultats identiques : comme le poirier il peut être noirci, ou bien ciré simplement; dans les meubles soignés et finis délicatement, le prix n'est guère moins élevé que celui des meubles en poirier; le coût de la matière première n'entre du reste que pour une faible proportion dans le prix de revient d'un meuble, ce qui fait la plus grande différence, c'est la main-d'œuvre qui s'élève d'autant plus que le travail est plus chargé, plus délicat et soigné. C'est pourquoi aussi, en final résultat, si bon marché que soit un meuble de pacotille, à l'usage il coûte beaucoup plus qu'un meuble parfaitement fini.

Le choix fait d'un mobilier complet de salle à manger, buffet, table, une ou deux tables à desservir et découper, six, huit, dix ou douze chaises, suivant la grandeur de la pièce, on pourra faire procéder aux peintures des boiseries, portes, fenêtres, soubassement, corniches; les tons employés seront le noir mat et non brillant, ainsi que le rouge fortement laqué; le tout rehaussé de quelques filets d'or, mais très discrets. Quand la disposition des encadrements des panneaux des portes le permet, ou quand ces panneaux ne sont pas trop considérables, une teinte d'un gris légèrement liliacé peut servir de fond pour un petit motif peint en

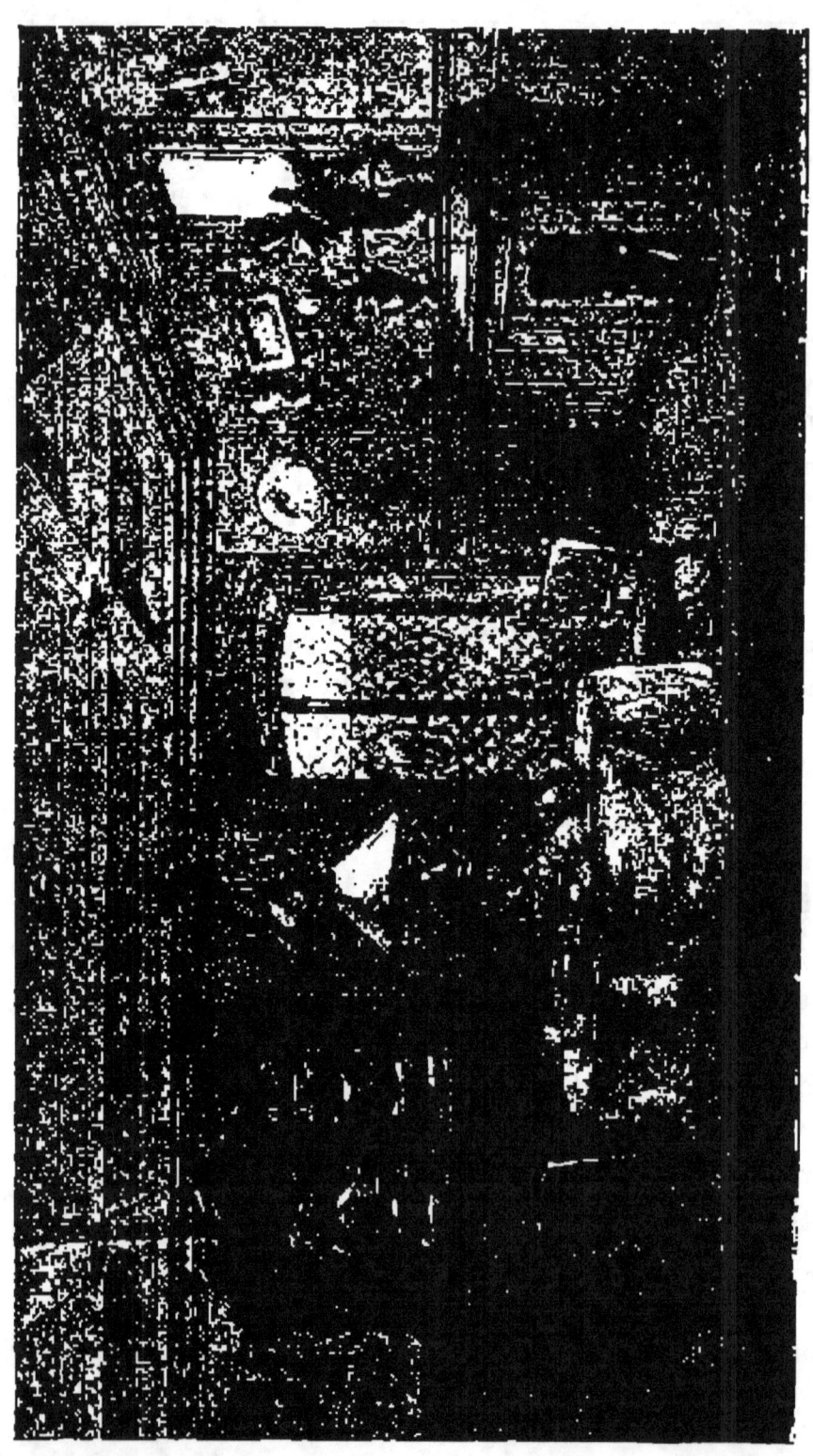

La Salle à manger.

camaïeu d'un très artistique effet. La partie des murs réservée pour être tendue peut recevoir, soit du papier drapé d'un rouge assombri et laqué, ou bien encore vert purée, soit un velours de Gênes frappé d'une de ces couleurs, soit des cuirs de Cordoue ou imitation de cuir de Cordoue, ou bien, si l'on a la main heureuse, de verdures flamandes. On en trouve encore quelquefois dans de bonnes conditions.

Le plafond, en aucun cas, ne sera conservé blanc. Il peut être, comme les murs, tendu en cuir de Cordoue ou en tapisseries flamandes; ou bien encore, au moyen de baguettes de bois noir, on tracera des compartiments, séparés par des champs, qui seront ornés avec des papiers peints comme on en fabrique spécialement pour cet usage. Les champs dans une tonalité rouge vif, les compartiments dans un vert plus adouci. Ces papiers comportent toujours sur le fond des ornements dorés, fleurons, étoiles, fleurs de lis, figures de blason, lesquels sont souvent rehaussés de points de couleur. Il existe une variété assez considérable de ces papiers peints pour qu'on puisse facilement faire un choix de dessins et de couleurs s'assortissant à l'ensemble de la décoration.

Ce sont surtout les fenêtres de la salle à manger qui doivent être garnies de vitraux colorés de teintes différentes, douces surtout, avec un filet formant encadrement, de couleur plus vive et plus franche, rouge ou verte; le vitrage en sives de Venise d'une coloration dorée, serait encore préférable, d'autant plus que, sans diminuer l'éclat de la lumière extérieure, les sives garantissent pleinement de la curiosité des voisins. Un

écusson au milieu du vitrage avec un chiffre, un em-
blème ou une devise complète très bien une décoration;
mais des armoiries, à moins d'avoir le droit d'en porter,
sont toujours ridicules. Il en est de même des figures ou
des sujets qui ne souffrent point de médiocrité. Je
proteste donc, de la manière la plus absolue, contre toute
importation de la détestable vitrerie moderne, suisse ou
allemande, qu'un homme de goût ne saurait supporter
cinq minutes dans son intérieur.

L'emploi des vitraux dispense des vitrages de
mousseline et des grands rideaux d'étoffe. Seulement
les fenêtres peuvent être ornées d'une simple bonne
grâce, drapée avec goût par un tapissier habile, ingé-
nieux et artiste, c'est-à-dire connaissant assez le style
de chaque époque pour ne pas introduire une draperie Louis XVI ou Directoire, dans un ensemble décoratif du quinzième ou du seizième siècle.

Les bonnes grâces seront ou en tapisserie, si la tenture
est en tapisserie, ou bien en étoffe pareille à celle qui
recouvre les sièges dont nous allons dire un mot.

Le siège sera choisi dans un des modèles de l'époque
du buffet, cela va sans dire. Il sera simple plutôt que
trop ouvragé; s'il a un motif quelconque de sculpture,
cette sculpture sera toujours en très bas relief ou en
gravure, jamais en ronde bosse. Le siège sera solide et
bien d'aplomb; il sera large, avec un dossier légèrement arrondi et recouvert d'étoffe et rembourré en
partie. Si le mur est tapissé en papier ou étoffe rouge,
le siège sera recouvert d'une étoffe vert purée ou
olive, soit un gros drap, soit un velours de Gênes
frappé. Si la tenture est verte, ou en verdure, ou en cuir

de Cordoue, l'étoffe des sièges sera de couleur rouge, un peu amorti plutôt que vif. Le drap de soldat est un type de ton excellent.

J'arrive à la suspension placée au milieu de la pièce.

Si le gaz est indispensable dans l'antichambre, la cuisine et les couloirs de service, il est intolérable dans une salle à manger, et dans toute autre pièce où l'on doit séjourner. Il a tous les inconvénients, il dégage des odeurs insupportables, il vicie l'atmosphère, la chaleur qu'il dégage est suffocante, ses émanations détruisent tous les motifs de décoration, noircit les dorures, détériore les peintures, cause toute espèce de dégâts irréparables. L'huile dans des lampes Carcel et les bougies sont les seuls éléments d'éclairage admissibles dans un intérieur où l'on recherche le bien-être pour soi et ses convives.

La suspension, comme tout autre objet mobilier, ne supporte point la médiocrité. Quel que soit le modèle dont on fasse choix, qu'il soit simple ou ornementé, en cuivre rosette, en cuivre jaune ou en bronze doré, il doit réunir le style, l'élégance et le fini du travail.

Dans l'ensemble que nous venons d'indiquer, la suspension peut être de style du seizième siècle, en bronze doré, avec ornements délicats et finement ciselés; ou bien, plus simple et peut-être plus décorative, dans le style du commencement du dix-septième siècle, style Louis XIII, en cuivre rosette ou cuivre jaune, rappelant beaucoup les lustres hollandais du même temps, mais avec des courbes plus gracieuses et plus élégantes. La lampe Carcel, placée au milieu, sera d'un fort calibre et

elle sera entourée de bras pour supporter des bougies
au nombre de douze ou quinze, suivant la grandeur de
la salle à manger ; ce qui n'empêchera pas, les jours de
dîners priés, de placer aux deux extrémités de la table,
des flambeaux à six ou huit branches, soit en bronze
doré si la suspension est en bronze, soit en cuivre rosette ou jaune si la suspension est de ce métal. La suspension et les flambeaux seront achetés ou com-
mandés chez un fabricant comme Renon, afin qu'ils
soient exactement du même style et du même caractère.
On pourrait également choisir ou commander chez le
même fabricant, une belle vasque ovale du même style
et du même métal que la suspension. En la garnissant
de fleurs les jours de grand dîner, la plaçant sur la
table, elle servirait de pièce du milieu. Dans les maisons
de fortune moyenne, il est rare que l'on puisse se donner
le luxe d'un surtout de table en orfèvrerie, et votre
vasque en servirait avec moins de luxe sans doute,
mais avec autant d'art et plus d'originalité.

Il me reste un point à traiter et c'est le plus délicat.
Il s'agit du poêle, c'est-à-dire d'un problème presque
impossible à résoudre, quand vous n'êtes point chez
vous. Chez soi, on le supprime et tout est dit. Le remplacer est très facile : une cheminée fait l'affaire ; le
corps en marbre est inutile ; le coffre se monte droit
jusqu'au plafond, ce qui cache la niche, cette éternelle
niche toujours peinte en marbre jaune ; avec des mon-
tants de bois largement sculptés, avec quelques moulures d'un bon profil ingénieusement distribuées, avec
de la peinture, quelques tons bien choisis, on a bien
vite quelque chose qui ressemble un peu à une chemi-

née Renaissance. C'est sans prétention, cela s'harmonise avec l'ensemble, le but désiré est atteint sans beaucoup de frais, ni beaucoup d'embarras.

Mais dans la maison d'autrui, cet abominable poêle avec son éternelle niche en simili-marbre jaune, est un cauchemar. En dehors de sa laideur, cette horrible chose, qui nous vient d'Allemagne, a tous les inconvénients : cela ne chauffe pas la plupart du temps, ou, quand cela chauffe, cela chauffe trop. « L'usage du poêle, je lisais cela tout dernièrement dans un livre de médecine, a des inconvénients assez graves; il s'en dégage du gaz oxyde de carbone qui peut causer des épidémies d'hiver, désignées ordinairement sous le nom de *méningite cérébro-spinale*, de *typhus cérébral* ou de *fièvres remittentes* graves. »

Décidément, ce sont là bien des défauts pour quelques qualités négatives; et si l'on ne regarde pas à quelques louis, le mieux, en somme, est peut-être de faire comme si l'on était chez soi. Ce que l'on sera obligé de faire pour l'habiller et dissimuler son affreuse niche coûtera quelque chose, pas mal même, et n'obviera pas pour cela aux inconvénients qu'il a sous le rapport de l'hygiène; il n'en chauffera pas mieux habillé que nu, et si dissimulé qu'il puisse être, il n'en sera pas moins à portée de vous donner une *méningite cérébro-spinale*.

De crainte de *typhus cérébral* ou de *fièvres rémittentes graves*, ce qu'il y a de plus prudent à faire, c'est de s'en débarrasser et de le remplacer par quelque bon appareil de chauffage, économique et sain, sain surtout, comme il en existe, qu'on dissimulera derrière une fausse cheminée, comme celle dont je parlais plus haut.

Reste, pour finir, le tapis : c'est dans les dessins persans qu'on trouvera assurément ce qui s'associera le mieux avec l'ensemble de la décoration.

Je n'ai rien dit avec intention des objets posés sur les murs et qui complètent si bien la décoration d'une salle à manger ; que l'on donne la préférence à des tableaux — natures mortes ou paysages — ou bien à des faïences ou porcelaines, ce sont choses que l'on achète quand elles vous séduisent. On ne s'en approvisionne pas du jour au lendemain. On s'amuse à les chercher et, le plus souvent, c'est au moment où l'on s'y attend le moins qu'on trouve ce qui vous plaît le plus.

Quant aux objets qui garnissent le dressoir du buffet, dans les temps ordinaires, ce sont des cristaux de luxe, des coupes à fruits, des compotiers du service à dessert, quelques pièces d'orfèvrerie de table qui le garnissent. Les jours de grand dîner, c'est la place du dessert dressé qui ne peut figurer tout entier sur la table.

III. — LE SALON

Nous avons décrit le salon que, neuf cent quatre-vingt-dix fois sur mille, on rencontre dans les maisons modernes de Paris ; ce salon, invariablement blanc et or, avec son immuable mobilier se composant réglementairement d'un piano, d'un cabinet d'entre-deux de fenêtres, d'un canapé, de quelques fauteuils et chaises, d'un guéridon, le tout d'un modèle qui ne varie guère ; le tout placé dans un ordre traditionnel, dont il n'est point permis de s'écarter, sans violer la loi décrétée, je ne sais à quelle époque, ni par qui, sur les convenances du salon.

On a dit que la loi était faite pour être violée; c'est ici le cas, ou jamais; ce n'est pas une modification qu'il faut apporter au salon moderne, tout est à refaire.

Dans sa *Grammaire des arts décoratifs* Charles Blanc dit que l'arrangement symétrique des meubles, donne un air de repos et de dignité aux appartements de réception: « Quel que soit le mobilier d'un appartement, qu'il soit austère ou somptueux, opulent ou simple, il faut avant toute chose un certain ordre, un ordre sensible, surtout dans les pièces que l'on ouvre à ses amis, et à plus forte raison dans celles où l'on doit recevoir des étrangers. L'absence de toute symétrie serait une impolitesse à l'égard du visiteur, parce qu'elle l'empêcherait de se reconnaître au milieu du désordre produit par des lignes brusquement rompues, par des couleurs mal assorties dans leur rapprochement fortuit, par des meubles déplacés. »

Charles Blanc, très compétent et très judicieux en matière d'art, mais académicien un peu trop classique quelquefois, s'est ici placé à un point de vue un peu trop officiel; l'ordre, la symétrie, la dignité sont assurément obligatoires pour le salon de réception d'un ministre ou d'un haut fonctionnaire; mais, dans le monde où la consigne n'est pas de s'ennuyer, au foyer domestique où le salon est la pièce consacrée aux réceptions des amis et des parents, aux occupations frivoles de la vie, au repos après les devoirs accomplis de la profession ou des affaires, il ne saurait être question de dignité, et

l'aspect du salon doit être tout d'abord plutôt gai,
accueillant, hospitalier, que sévère et maussade comme
tout ce qui est apprêté et symétrique. Le plus charmant
salon, croyez-le, est celui où le désordre est ordonné, où
règne la fantaisie, le caprice et l'imprévu.

Du reste, pour bien s'entendre, il suffit de se mettre
d'accord sur la valeur des mots. Il y a salon et salon. Il
y a un salon de famille, particulier, intime ; il y a
aussi un salon professionnel qu'il ne faut pas confondre
avec l'autre. Le médecin, l'avocat ont un salon où ils
reçoivent leurs clients; ce salon est, pour eux, ce que le
magasin est pour le commerçant, une boutique où ils
débitent leurs ordonnances ou leurs consultations. C'est
le salon officiel, le salon de réception des dignitaires et
des fonctionnaires, qui ne s'ouvre qu'à certains jours, et
qui n'exclut point l'autre où l'on vit en famille, et où
l'on reçoit ses amis, ses intimes. A celui-là, en effet,
convient l'ordre, la symétrie et la dignité. Dans les
grands appartements, il y a toujours plusieurs salons,
dont l'un est réservé aux réceptions d'apparat; mais, dans
les maisons d'ordre moyen, c'est donc par erreur qu'on
a fait du salon cette chose triviale, banale et maussade,
que nous rencontrons presque partout.

Tout dans le salon moderne, au point de vue de la
décoration, manque de beauté et de convenance ; quant
à l'ameublement, il manque également d'élégance et de
commodité. Il ne suffit donc pas, comme je le disais,
d'apporter quelques modifications, tout est à faire.

Et d'abord le cadre, c'est-à-dire ce qu'on appelle la
décoration des murs, cette décoration blanc et or, est
une hérésie et une inconvenance.

Rien n'est plus déplaisant, plus dur et plus froid que ce badigeon uni et plat qui nous entoure et s'étend sur nos têtes, et c'est cependant celui dont on abuse le plus. L'emploi du blanc dans la décoration, ne contribue à l'effet général, qu'à une seule condition, c'est de n'y figurer qu'à très petites doses. « Le blanc, a dit Charles Blanc, tient déjà assez de place dans les vêtements et les parures, pour qu'il soit inutile d'en répéter l'éclat et la crudité sur les murs et sur les meubles. » L'abus du blanc sur les murs d'un salon, est, de la part d'une maîtresse de maison, une inconvenance commise à l'égard de ses invitées: rien n'est plus défavorable pour faire ressortir la beauté du teint, ou la richesse des parures.

Voyez avec quelle délicatesse de sentiment artistique la femme, réellement soucieuse de sa beauté, use du blanc avec modération. Les dentelles qu'elle préfère ne sont-elles pas toujours ces antiques dentelles, que le temps a légèrement teintées. Voyez les superbes dentelles espagnoles, dont se parent les Andalouses au teint bruni, comme dit Musset, elles ne sont point blanches, elles sont crémeuses et accompagnées d'un point brillant, rouge ou jaune: les lois des couleurs ne soint point apprises par la femme, elles lui sont révélées.

Des gens diront sans doute qu'au siècle dernier, alors que le sens des arts familiers était si développé, le blanc a été le thème favori de la décoration intérieure, et l'on citera ce que l'on trouve encore de vieux appartements construits au xviiie siècle. On oublie les badigeonnages successifs qui ont été redonnés depuis cent ans. Si l'on consulte ce qui peut nous renseigner sur la vie intime de nos pères, les aquarelles, les peintures, les mémoires et surtout les romans où la réalité prime la fiction, on reconnaîtra bien vite qu'au contraire jamais le blanc n'a été distribué avec plus de discrétion. Le gris domine dans les fonds, mais quel gris, chaud, transparent, teinté avec un goût délicat de rose, de bleu, de lilas, de vert ; et encore tous ces gris, si bien mélangés, ne sont jamais que des encadrements ou des fonds qui s'accordent avec d'autres éléments décoratifs. On oublie les dessus de portes, peints alors par des artistes comme Watteau, Lancret ou Boucher, dont on a enlevé les peintures pour les encadrer, et les placer dans des galeries ou des musées ; puis, il y avait les grands panneaux que nous trouvons vides aujourd'hui et que nous supposons avoir toujours été tels, tandis qu'ils étaient, il y a cent ans, tendus de tapisseries chaudes et coloriées, représentant des scènes ou champêtres, ou gracieuses, ou comiques ; ou bien encore, dans les milieux plus modestes, décorés de simples toiles peintes, des perses aux capricieux ramages fleuris. Oh ! non, à ces époques on avait trop souci du plaisir des yeux pour s'interdire le pittoresque et se condamner à d'insipides teintes plates. On avait trop la haine de l'uniformité pour ne pas, avec un goût qui n'a jamais été surpassé, donner place à la couleur.

Ah ! je comprends qu'on ait le goût du Louis XV ou du Louis XVI — c'est un goût que je partage — celui du Louis XV surtout, « qui est la grâce même, l'épanouissement de l'art français, arrivé à ce point suprême où il n'y a plus qu'à déchoir », a dit le marquis de Belloy ; mais, pour Dieu, alors, qu'on restitue cette époque dans tout son complet, avec toute la perfection de ses détails, de son dessin, de ses formes, de sa couleur; autrement qu'on n'y touche point, sous peine de ne produire que des monstruosités et des laideurs.

On parle beaucoup de musées d'arts décoratifs, et l'on a raison et rien ne serait plus facile que leur création; mais savez-vous ce qu'il faudrait pour les rendre véritablement pratiques et utiles à l'éducation du goût? ce n'est pas de réunir une quantité considérable d'échantillons de tous les styles, de toutes les époques et de tous les pays, mais de faire un choix intelligent, classé méthodiquement, non par un érudit, mais par un artiste.

Pour l'art décoratif français, le seul qui nous intéresse, en somme, un certain nombre de pièces de proportions différentes suffirait. Chacune d'elles serait affectée exclusivement à un style, à un usage, à une classe; on ne mêlerait pas la cuisine au salon, la salle à manger à la chambre à coucher, le mobilier bourgeois avec celui du palais ou de la chaumière. Nous aurions le salon Louis XIV, la salle à manger du xv⁰ siècle, le boudoir Louis XV, la chambre à coucher Louis XVI, l'intérieur d'un grand seigneur, celui d'un bourgeois, la bibliothèque et le cabinet de travail d'un philosophe, ou l'intérieur d'un vieux fermier breton avec ses poutres noircies, sa haute cheminée, son armoire historiée et ses lits dans des tiroirs.

Mais; chacune de ces pièces serait un tout complet, avec ses proportions gardées, son architecture propre, ses motifs décoratifs scrupuleusement reproduits, avec ses boiseries, ses peintures, ses tentures; son mobilier authentique. Une restitution complète, enfin, sincère, qui en apprendrait plus que tous nos discours et

nos écritures, à nos industriels, à nos artisans et à
nous-mêmes.

Vous rappelez-vous la rue des Nations à l'Exposition
universelle de 1878? Que de leçons pour ceux qui l'ont
parcourue autrement qu'en curieux. Les petites maisons
anglaises ne nous en ont-elles pas plus appris sur les
mœurs, les habitudes et les goûts de la Grande-Bretagne
que tous les livres? Et le petit intérieur hollandais?
Qui de nous ne connait la Hollande, sans avoir quitté
Paris.

La rue des Nations est le meilleur exemple à suivre
pour l'installation utile d'un Musée des arts décoratifs.

Dans un intérieur modeste, il ne s'agit donc point de
se faire, comme c'est général, un salon dit Louis XIV,
Louis XV ou Louis XVI: ce que l'on fait est tout simplement grotesque, car ce n'est d'aucun style. Il n'y a
qu'un parti à prendre, c'est de se créer un milieu agréable
où la convenance, ce qui est une source de beauté, soit
respectée ; un milieu où nous pourrons nous plaire et
nous reposer après le travail quotidien, où nos amis
aimeront à venir, et d'où seront éliminées toutes les
choses clinquantes ou théâtrales ; mais où nous aurons
réuni toutes les commodités et toutes les élégances de la
vie moderne. Soyons comme les véritables curieux — un
vieux mot qui se comprend mieux que celui d'amateur et
qui en dit plus, — soyons comme les curieux qui ne
s'attachent exclusivement ni à un style, ni à une
époque et qui admirent toute chose pourvu qu'elle soit
belle, appropriée et artistique. C'est là, je pense, le meilleur programme à suivre, c'est celui, du reste adopté par

ceux à qui l'estime publique, a décerné à notre époque
le véritable titre de curieux.

Dans l'état ordinaire des peintures, si l'on ne veut pas
les refaire entièrement, il faut au moins leur apporter de
radicales améliorations, en remontant les champs, en
diversifiant les moulures, en ornementant les panneaux
par des filets, des poncifs ou de légers ornements en
camaïeux. Quelques variations dans les couleurs, une
juste disposition des complémentaires, quelques ingé-
nieuses oppositions, suffisent généralement pour modifier complètement l'aspect des boiseries, portes, fenêtres
et soubassements. Du reste, l'emploi des portières qu'on
doit toujours recommander, permet souvent de faire très
économiquement ces changements en disposant des peintures décoratives sur les panneaux des portes qui dis-
paraissent sous les draperies, ou ne conservent que peu
d'importance,

Si les murs sont divisés en compartiments de grandeurs différentes, au moyen de moulures et d'ornements
en carton pâte et peints, les champs seront teintés en
harmonie avec les boiseries, les moulures seront ou
complètement dorées si elles n'ont point une trop grande
importance, ou décorées couleur et or en proportions
diverses suivant le cas; le plus souvent un ton vif est
préférable, c'est un réveillon amusant dans un ensemble qu'il faut avant tout toujours tenir harmonieux. Le
centre des panneaux sera tendu, soit d'étoffe, soit
de papier peint, assortis, — je ne dis point pareils — au
ton des rideaux, des portières et des principaux meubles. Si, au contraire, les murs ont été primitivement
laissés nus pour recevoir du papier, le fameux papier

blanc et or, on dessinera des panneaux au moyen de baguettes soit or, soit couleur et or et les champs seront tendus d'un papier ou d'une étoffe unie d'un ton, tandis que les panneaux recevront des tentures d'une autre nature et couleur, le tout toujours assorti au reste de l'ameublement principal.

Je viens de dire indifféremment papier ou étoffe, mais je crois que presque toujours, c'est à l'étoffe qu'il convient de donner la préférence, quand on est assuré de la jouissance d'un appartement pour une période d'au moins neuf années. Il y a là, presque toujours, une économie notable à réaliser, avec un effet supérieur; je ne parle même pas de l'honneur que fait un appartement tapissé d'étoffe, et qui est toujours plus grand que n'importe quel arrangement en papiers peints.

La fabrication du papier peint à Paris, est arrivée au plus haut degré de perfection, et elle réalise de véritables merveilles dont on tire de somptueux effets, quand on s'en sert avec goût. C'est un point qu'il faut reconnaître. Tout le monde a pu voir dans les expositions des imitations de velours de Gênes, des tentures chinoises, des brocards de Lyon qui sont des chefs-d'œuvre; mais hauts sont cotés les rouleaux de ces papiers chez le fabricant, — trente, quarante, cinquante francs quelquefois le rouleau,—avec les pertes qui sont nécessaires pour raccorder les dessins avec les baguettes que leur pose exige, avec la main-d'œuvre de la pose très délicate, demandant des soins particuliers et, par conséquent, très chèrement payée, quand le tapissier vous présente sa note, vous êtes étonné du chiffre auquel elle atteint. Et cette tenture si soignée qu'elle soit, au bout de deux ans, trois

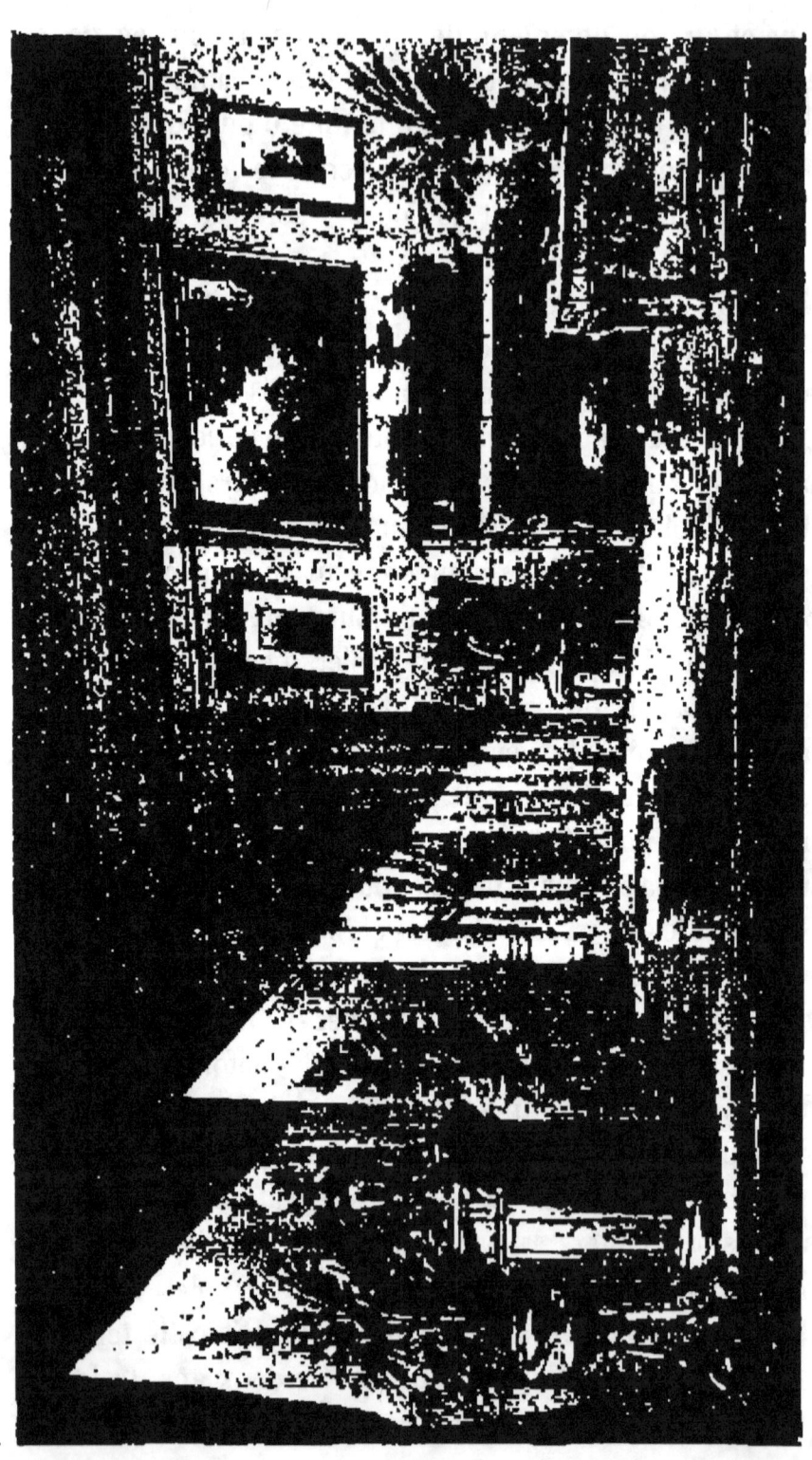

ans au plus, il faudra la renouveler ; elle sera éraflée par le contact des meubles, fanée partout où la lumière aura frappé, tandis que les portions, couvertes par un tableau ou préservées du soleil par leur situation ou l'ombre d'une draperie, auront gardé leur fraîcheur et leur éclat. Au bout de neuf ans, ce papier trois fois renouvelé, vous aura coûté beaucoup plus cher que l'excellente étoffe que vous auriez pu mettre, et qui, au bout de ces neuf ans, ne serait ni usée, ni fanée, ni hors de service, capable de rester encore un même nombre d'années, en cas de renouvellement de bail, ou bien alors d'être emportée et faire autre part un excellent usage. Le pire qui puisse alors arriver, ce serait d'être obligé de la donner à un dégraisseur pour enlever quelques taches et raviver un peu la couleur. Il n'est pas rare, aujourd'hui encore, de trouver d'anciennes tentures des siècles passés, qu'on peut encore très bien et très fructueusement utiliser.

Le papier peint, comme tout ce qui paraît bon marché, est une de ces choses dont on peut user quelquefois ; mais dont il ne faut point abuser. Partout et toujours, soit dans sa maison, soit quand la jouissance d'un appartement est assurée, là où la peinture peut remplacer le papier, là où l'étoffe peut tenir sa place, c'est à la peinture ou à l'étoffe qu'il faut donner la préférence, il y a économie réelle et convenance.

Et la nature de l'étoffe n'a rien à faire ici : avec la plus simple, la moins coûteuse, on obtient souvent les meilleurs effets décoratifs. Je connais chez un des amateurs les plus renommés, un petit salon qui est un bijou et une trouvaille de convenance, pour les objets qu'il ren-

ferme et qui est tendu tout bonnement avec une cotonnade
c'est-à-dire pour rien. Les portes, les boiseries, la corniche sont peintes d'un beau noir poli; les murs et le
plafond tendus en Andrinople, de ce beau rouge turc
mat et profond. Les petits meubles sont en ébène, ainsi
que la table, une ancienne table italienne avec des incrustations en ivoire, les chaises de même. Puis, sur les
murs, çà et là, quelques beaux bronzes dorés, quelques
belles dinanderies et de merveilleux dessins dans leurs
vieux cadres dorés, quelques eaux-fortes sur grandes
marges; il est impossible d'imaginer quelque chose de
plus harmonieux, de plus chaud, de plus coloré, qui
serve autant de repoussoir et mette aussi bien en valeur
toutes les merveilles rassemblées dans ce petit salon.

La tenture de la pièce, c'est le repoussoir qui doit
faire valoir tout ce qu'elle renferme ; aussi, dans un
salon privé, une tenture sourde fera très bien ressortir
tout ce qui doit briller, être mis en lumière, les garnitures, les tableaux, les meubles de fantaisie, ainsi que
la toilette des femmes et leur beauté, toutes choses qui
se détacheraient moins bien sur un fond clair et éclatant.

Aussi, par exemple, quand tous les blancs des peintures auront disparu et qu'on les aura complètement
atténués par des gris diversement variés, les panneaux
peuvent recevoir une tenture grenat avec des encadrements vert olive, dessinés par des baguettes et ornements
en bois entièrement doré ou, relevés par quelques
rehauts d'un rouge vif assez discrètement distribués.
Sur ce fond se détacheront admirablement les tableaux
avec leurs cadres dorés, ainsi que les girandoles et les
bras en bronze doré. Cette tenture pourra être indiffé-

remment en papier peint ou étoffe, et, suivant la dépense qu'on veut faire, en reps, en granité, en bandes
de peluches et panneaux de soie, en velours frappés, en
damas. Les rideaux et les bonnes-grâces, les portières,
seront assorties au fond, c'est-à-dire que le fond pourra
être vert olive avec bordure grenat, ou fond grenat avec
bordure vert olive, ou bien encore en étoffe brodée, bro-
chée, où ces deux couleurs se mêleraient, ou bien où les
dessins et ornements se modèleraient en camaïeu. Dans
les maisons spéciales d'étoffes pour ameublement, avec
l'échantillon de deux tons, on peut trouver cent dessins
variés s'assortissant admirablement.

Dans un salon officiel de réception, un mobilier uniforme est en quelque sorte obligatoire ; c'est le contraire
dans un salon intime, comme il convient dans toutes les
maisons moyennes ou bourgeoises ; ici la fantaisie est
non seulement permise, elle est de règle. Les meubles
servant de siège doivent être très variés de forme, de
hauteur et de dimension, dit Viollet Le Duc, dans son
Dictionnaire du mobilier : « Ces différences ne contri-
buent pas peu à donner à la conversation un tour facile,
imprévu et piquant ; car, si l'on veut le remarquer, rien
n'est moins pittoresque qu'une réunion de personnes,
hommes et femmes, assis tous sur des sièges de forme
et de hauteur pareilles. Il semble qu'alors la conversation prenne quelque chose de l'uniformité des postures
qui résultent de la similitude des sièges. Nous ne savons
si la décence y gagne ; mais certainement l'esprit y perd
de sa liberté ».

Ces fines observations méritent d'être prises en considération.

Au lieu d'un grand canapé qui, dans un arrangement symétrique, a sa place invariable en face de la cheminée au-dessous d'une glace, non moins invariable, deux petits canapés se placent bien plus facilement et l'un des deux peut être même remplacé par une causeuse que l'on disposera près de la cheminée. Le canapé, comme les trois ou quatre *fauteuils meublants*, pourra être d'un style Louis XIV ou Louis XVI, qui, tous les deux, fournissent d'excellents modèles ; les bois de ces meubles seront à volonté ou en poirier noirci ou en noyer ciré, ou en bois peint avec filets or, ou même en bois doré, ce qui ferait très bien si, pour couvrir ces meubles, on choisissait une brocatelle à dessins vert olive et grenat, étant admis que la tenture est de ces deux couleurs. Si le salon était assez grand, on pourrait joindre trois ou quatre *chaises meublantes à dossiers garnis*, c'est-à-dire du même modèle que le canapé et les fauteuils, en même bois et recouvertes d'une étoffe semblable.

La causeuse capitonnée, sans bois apparent, sera d'une étoffe de fantaisie vert purée ou vert pomme, avec garniture rouge. Les chaises chauffeuses, plus basses et plus profondes que les chaises meublantes, seront garnies d'étoffes différentes, velours frappé ou uni, lampas, tapisserie, et de couleurs variées dans les gammes des tons dominants, c'est-à-dire allant des verts les plus foncés aux plus clairs, ou des rouges au grenat, à l'amarante, au ponceau pour les fonds avec des décorations brochées ou brodées de couleurs diverses, plus ou moins vives; des fauteuils confortables et de fantaisie, des chaises volantes en laque ou en bois peint avec filets or, des pouffs, en tapisserie ou en étoffe, des tabourets trouveront facilement à se placer un peu partout. Le piano, en poirier ou en noyer ciré, prendra la place ordinairement réservée au grand canapé supprimé.

Au lieu d'un guéridon branlant, une table de style, soit en marqueterie de bois, soit en bois noir à incrustation d'ivoire, soit en bois de rose avec quelques fines applications de bronze doré, pourra, suivant les besoins se placer au centre, sur le côté, ou à une extrémité.

De chaque côté de la cheminée, soit des gaines en bois noirci, soit des fûts en bois d'amarante, avec des cannelures en cuivre, soit des colonnes en bois, recouvertes de velours ou de peluche, supporteront des statuettes en bronze ou des terres cuites.

La cheminée sera habillée d'étoffe en harmonie avec l'ensemble de la décoration, de façon à amortir la crudité du blanc du marbre. Sur la tablette de la cheminée, au lieu de pendule, on placera, soit un sujet artistique en bronze, ou un beau vase du Japon et de la Chine, une belle pièce de Sèvres, une reproduction d'antique, un bronze japonais, une œuvre d'art, en un mot, à moins que, par un hasard quelconque, une occasion, un héritage, vous n'ayez une pendule des siècles précédents, c'est-à-dire encore une œuvre d'art véritable. De chaque côté de la pièce principale, se placeront deux lampes carcel, faites, soit avec des émaux cloisonnés, soit avec des faïences du Japon, des potiches de vieux Chine, ou de belles terres émaillées de Pull, le Palissy° moderne, dont les œuvres seront un jour aussi recherchées que les chefs-d'œuvre du potier de Saintes.

De chaque côté de la glace, si la disposition des murs le permet, on placera des appliques à plusieurs bras.

Entre les deux fenêtres on placera, soit une console, soit un petit meuble vitré de fantaisie, soit un petit Dunkerque, sur lequel on placera un beau vase en bronze, ou porcelaine, ou faïence, rempli de fleurs. Dans les encoignures des tables Gigogne, en laque de Chine, du Japon, ou en bois des Indes, supporteront des bibelots et des livres. Devant les fenêtres, de petites tables Henri II, entièrement recouvertes de velours ou de peluche vert purée ou groseille, porteront des vases cache-pots, contenant quelques belles plantes exotiques.

Un tapis persan recouvrira le plancher, et tout ce mobilier, indiqué sommairement, sera disposé non symétriquement, mais avec fantaisie, de manière à faire de petits groupes, dont le plus important, le centre, sera la cheminée, ayant d'un côté la causeuse, de l'autre deux fauteuils ; les sièges ainsi groupés, on trouvera certainement place encore pour un ou deux de ces petits meubles de fantaisie, pour une ou deux petites tables en bois de rose ou d'amarante, ou en vernis Martin que quelques fabricants modernes, de véritables artistes, reproduisent si parfaitement aujourd'hui.

Je m'aperçois que j'ai oublié le plafond qui ne doit point rester blanc. Ou il recevra une teinte de terre cuite, ou bien, ce qui serait mieux, on y peindra un ciel avec quelques fleurs ou fleurettes jetées, capricieusement, à deux ou trois endroits, près de la corniche. Au milieu du plafond, on laissera pendre un lustre en bronze doré, d'un travail soigné, dans le style de Louis XIV ou Louis XVI, lustre proportionné à la grandeur de la pièce et toujours plutôt grand que petit.

Les indications qui précèdent ne sont, on le pense

bien, que typiques. Chacun, suivant ses préférences et
ses goûts, peut les modifier. On peut, comme fond des
panneaux, par exemple, adopter le bleu en tenant les
encadrements orange, ou l'opposé; ou bien encore le
fond jaune et l'encadrement violet, ou le fond violet et
l'encadrement jaune; ou bien, enfin, le fond vert et l'encadrement rouge, le fond rouge et l'encadrement vert;
ceci pour les personnes qui aiment les harmonies
bruyantes. Puis, pour diminuer les dépenses, ou peut
adopter les papiers pour les tentures, et pour les étoffes
les damas de laine, les reps, et surtout les reps-gobelin
d'un usage excellent et qui se drapent très bien. Enfin,
on peut aussi, pour donner plus de variété, tenir les rideaux dans un ton et les portières dans un autre,
comme aussi pour ces dernières choisir dans les tapis
ou étoffes d'Orient des couleurs qui s'harmonisent avec
l'ensemble général, tout en donnant plus de variété.
Toute la question est d'éviter la symétrie, si monotone,
de créer un intérieur pittoresque et agréable, en même
temps qu'artistique.

IV. — LA CHAMBRE A COUCHER DE MADAME

Ce que la chambre à coucher d'une femme doit être,
c'est gaie et claire; ce qu'elle ne doit pas être, c'est monotone: deux choses donc à écarter de prime abord: les
tentures foncées et les unies. Or, ce qui paraît convenir
le mieux et avoir été créé exprès, c'est la cretonne, dont
l'emploi a été général au siècle dernier, où l'on compre-
nait si bien l'art intime et familier. Du reste, depuis une

quinzaine d'années, on y revient, et dans les maisons de campagne c'est certainement la décoration préférée.

Pour la couleur à choisir, il n'y a ici d'autre choix que celui de la teinte qui sied le mieux. Admettons que Madame soit blonde — c'est le type idéal de la beauté féminine — c'est le bleu qui devra être adopté. Quant aux dessins, le choix est des plus aisés, les grands manufacturiers ont reproduit avec une habileté rare les plus beaux modèles du siècle dernier. De plus, quelques fabricants de papiers peints se sont, de leur côté, entendus avec les maisons de gros qui vendent les toiles peintes, pour reproduire les mêmes étoffes, de sorte que si l'on ne veut pas tendre la chambre à coucher complètement en étoffe, il y a économie et convenance à se servir de papier.

L'étoffe choisie, la pièce sera entièrement tendue, murs et plafond, avec un papier peint exactement pareil à l'étoffe. .

Avec la cretonne, le style du mobilier est tout indiqué, c'est le Louis XV ou le Louis XVI; il ne reste à choisir que la nature du bois.

Les meubles en bois de rose avec marquetteries et bronzes, finement ciselés, sont bien riches pour une chambre tendue en cretonne; puis, pour les avoir confectionnés par un véritable artiste, — le médiocre est intolérable, — leur prix dépasse le chiffre d'un budget moyen; viennent ensuite les meubles en bois de citron et érable, d'une tonalité très douce, les meubles en noyer ciré; enfin, les meubles peints laqués, blanc bleuté avec filets bleus et or, quand la chambre est bleue, ou de ton assorti, si l'on a donné la préférence à

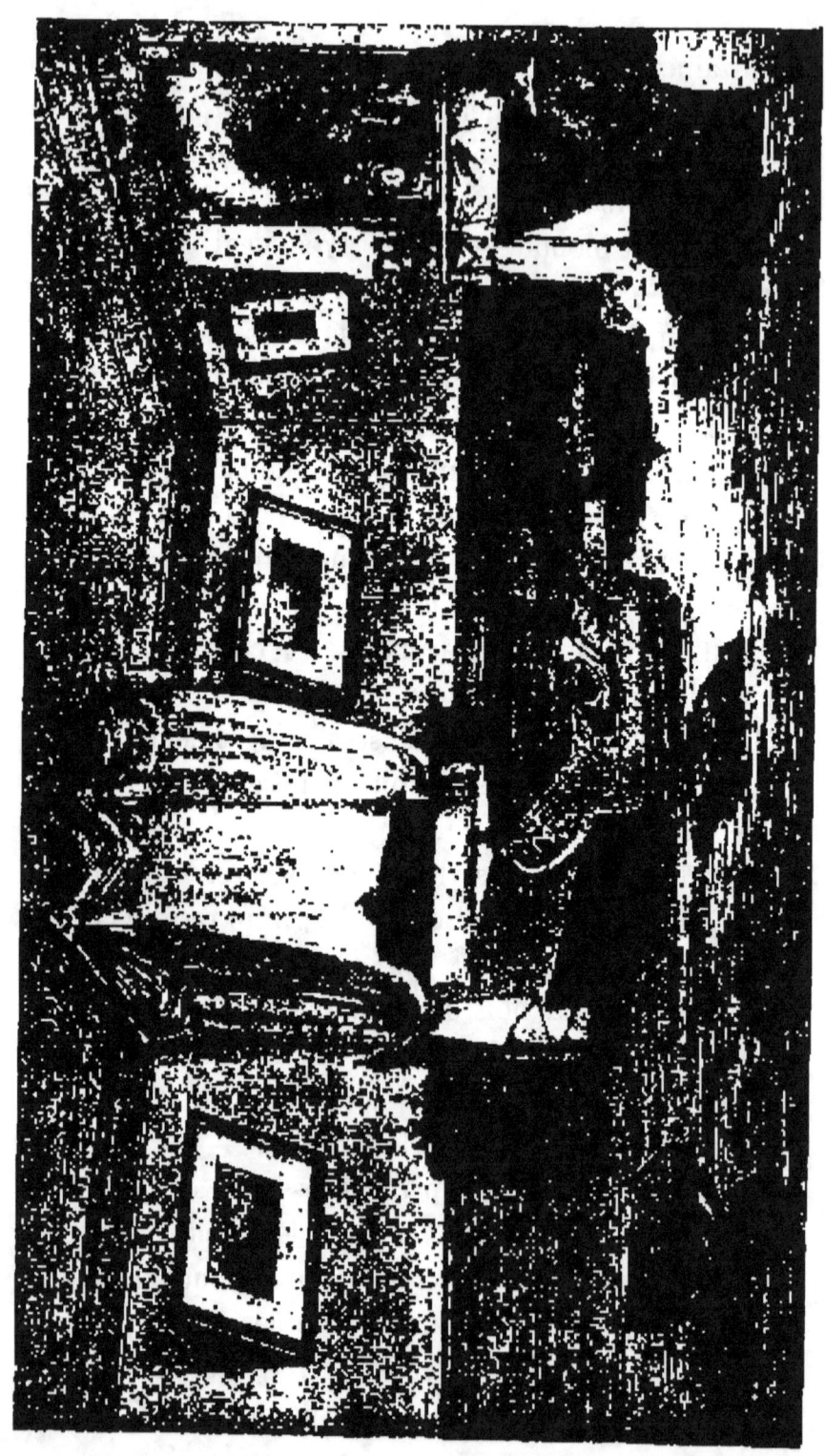

La Chambre des Machines.

une autre couleur. Ces trois sortes de meubles ont une convenance égale. On fait aussi de fort jolis meubles en sapin verni, mais ils sont mieux placés à la campagne qu'à Paris.

Les pièces n'étant pas très grandes aujourd'hui, il n'est guère possible d'y placer une armoire à glace, et surtout de la placer en bon jour. Sa place est dans le cabinet de toilette, où elle rend du reste de meilleurs services.

Le mobilier se réduit donc, à présent, à un lit de pied avec deux tables de nuit chiffonnier, une commode, un bonheur du jour, servant de bureau, et une table à ouvrage. Quant aux sièges ils se réduisent à une chaise longue, quelques fauteuils et chaises confortables, capitonnés, sans bois apparent.

Les rideaux des fenêtres, ceux du lit, les draperies du baldaquin, les portières, les draperies de la cheminée seront en cretonne avec garnitures plissées ; le cadre de la glace de la cheminée sera en bois pareil aux meubles ou garni d'étoffe pareille à la tenture.

Un meuble très en usage autrefois et auquel on avait renoncé pour les armoires à glace, de création toute moderne, c'est la psyché. On commence à y revenir depuis qu'on relègue les armoires dans le cabinet de toilette, et l'on a raison ; il meuble très bien et, par sa facilité à être déplacé, pour le mettre dans son meilleur jour, il rend les meilleurs services ; avant de sortir, au moment de mettre ses gants une femme a toujours besoin de donner un dernier coup d'œil à l'ensemble de sa toilette. Rien dans ce cas ne saurait remplacer la psyché, pas même l'armoire à glace, qui est immuable à l'endroit où on l'a placée.

La garniture de cheminée se composera d'une pendule style Louis XV ou Louis XVI, en marbre et bronze doré, soit entièrement bronze doré, avec les deux flambeaux assortis. Quel que soit le modèle adopté, le travail devra toujours être délicat et fini précieusement. Mieux vaut un modèle d'une simplicité extrême, que ces bronzes de commerce, vernis et non dorés, qui ont des prétentions à la somptuosité et ne sauraient tromper que des ignorants. Deux lampes en cloisonné ou en porcelaine complèteront la garniture.

Un tapis en moquette ou en smyrne, assorti de couleur avec la tenture, sera posé sur le parquet. Les tapis à dessins courants doivent toujours être préférés aux tapis d'Aubusson dont le médaillon central se trouve rarement au milieu réel de la pièce la régularité n'étant qu'une exception dans nos constructions modernes.

La garniture du foyer, chenets, pelles, pincettes, garde de feu, pare-étincelles, en bronze doré, sera également du style du mobilier, c'est-à-dire Louis XV ou Louis XVI, et encore ici, c'est au travail qu'il convient d'apporter toute son attention. La camelote des bazars doit être impitoyablement repoussée d'un intérieur convenable, et c'est aux meilleurs fabricants qu'il faut s'adresser directement ; les objets sur lesquels l'œil s'arrête constamment doivent être parfaits de forme, de dessin et de fini ; c'est le seul moyen de faire ou de compléter l'éducation du goût. C'est aussi le moyen de faire aimer de plus en plus le foyer domestique. On se déplaît bien vite dans un milieu laid, banal ou trivial. Les dépenses que l'on fait pour son intérieur ne sont point improductives et folles ; c'est la vie au dehors,

celle du cercle, du café ou de la brasserie qui ruine les
familles.

C'est la femme, l'ange gardien du foyer, l'éducatrice
de l'enfant, qui peut le plus faire pour nous rendre le
culte de la maison et de l'art familier qu'avaient nos
pères.

*
* *

Le cabinet de toilette est une dépendance de la chambre à coucher; il la complète, et en garde les secrets.
Un certain luxe n'y est point interdit; mais, comme ce
qu'il importe le plus, c'est l'ordre et la propreté, c'est
dire que toutes les meilleures dispositions doivent être
recherchées en vue de ces convenances. Quand on est
chez soi, rien n'est plus facile, en se servant de car-
reaux de faïence émaillée pour tapisser les murs, le
plafond et le plancher. Avec un peu de goût dans le
choix des dessins, on obtient des effets décoratifs charmants. Dans un appartement en location, on obtient le
même effet avec des papiers vernissés imitant la faïence;
mais l'entretien n'est pas aussi facile qu'avec la faïence,
qui ne demande qu'un coup d'éponge humide pour
reprendre toute sa netteté. Rien ne se tache plus facilement ni plus rapidement que la partie de cette pièce où
se trouve la table de toilette où celle où l'on accote la
baignoire, qu'on fasse venir ses bains du dehors, ou que
l'installation du gaz dans l'appartement permette un
agencement facile pour les préparer chez soi.

Si la place manque pour une baignoire, ce qui arrive
beaucoup trop souvent à Paris, le cabinet de toilette

peut alors être tapissé, soit de cretonne, soit de grosse
toile écrue ornée de larges galons de laine disposés en
grecques, en dents de scie, ou toute autre disposition
au choix. Elle peut aussi être tendue en nattes posées
avec des bambous, ou simplement, ce qui est excellent
pour les lavages fréquents, peinte entièrement à l'huile.
Après la faïence, c'est peut-être encore la simple peinture à l'huile qui réunit mieux toutes les convenances.

En cas de tenture en étoffe, le tour de la table toilette doit toujours être préservé des éclaboussures des
eaux de toilette, par une natte mobile, ou mieux encore
par une toile cirée. Le parquet sera également préservé
par une toile cirée.

La table de toilette sera aussi vaste que possible avec
table et tablette de marbre, au-dessus une glace de toute
la longueur, avec cadre en bois peint et fileté; le bas
sera entouré d'étoffe pour cacher les brocs, les seaux
et autres objets de toilette. Quelquefois, on peut y placer la baignoire mobile. Le reste de l'ameublement se
composera de l'armoire à glace — les armoires à trois
portes sont celles qui rendent les meilleurs services; elles
ont l'avantage, par le développement de leurs portes, de
produire des effets de glace qui reflètent la toilette sous
toutes ses faces.

Si la place le permet on y placera encore une ou plusieurs armoires, porte-manteaux, fixes ou mobiles, en
bois simple, ciré ou verni.

Un fauteuil à coiffer et un ou deux sièges, quelquefois un divan de repos et une petite table, complètent
tout l'ameublement.

Quand on a le gaz dans la maison, si le cabinet de

toilette est suffisamment aéré, il est bon de l'y faire installer. Deux becs mobiles de chaque côté de la glace sont indispensables ; dans une encoignure, un robinet auquel on adapte facilement un tuyau en caoutchouc, permettra une petite cheminée portative à gaz ; la plus grande partie des cabinets de toilette n'ont point de cheminée, aussi y gèle-t-on l'hiver. Le gaz permet encore, si l'on a la place, d'avoir un appareil pour chauffer un bain. Enfin, quand on a le gaz, avec un petit réchaud placé sur un coin de la tablette de la toilette on peut avoir à toute heure du jour ou de la nuit, en cinq minutes, une bouillotte d'eau chaude. Qu'il survienne une légère indisposition la nuit, demandant l'emploi d'une tasse de thé ou de tilleul ; qu'en rentrant de soirée ou du théâtre, on désire prendre une boisson chaude, il est souvent désagréable de déranger un domestique logé trois ou quatre étages au-dessus pour faire chauffer un peu d'eau. Dans les situations modestes on n'a pas un personnel nombreux de domestiques veillant la moitié des nuits pour vous attendre, alors que leurs services sont exigibles à la première heure du matin ; le gaz satisfait aussi à une foule de petites exigences et de commodités de la vie. Avec de la précaution et de la surveillance, il n'y a aucun danger.

V. — LA CHAMBRE DE MONSIEUR

C'est, ordinairement, la chambre qui est en communication directe avec le salon qu'on choisit pour la chambre de Monsieur, et elle est disposée de telle façon que,

quand il y a une réunion un peu nombreuse de dames,
elle puisse servir de fumoir. Il y a bien peu de maisons
où le cigare ou la cigarette soient totalement interdits.
Si le tabac n'est pas toléré dans le salon, ce qui se
comprend parfaitement, il est toléré accidentellement,
à petites doses, dans un coin quelconque; autrement
quelquefois on se condamnerait à un isolement complet.

La chambre d'un homme exige plus de sévérité que
celle d'une femme; elle est aussi, toutes les fois que
les exigences professionnelles n'exigent pas un cabinet,
un lieu de travail. Celui même qui a des revenus, des
propriétés, a des heures d'occupations sérieuses; l'admi-
nistration de sa fortune exige ses soins. « Tout à la joie »
n'est pas le seul mot de la vie. Il est peu d'hommes un
peu instruits qui ne consacrent quelques heures à la lec-
ture, l'esprit autant que le corps a besoin de nourriture;
c'est dans sa chambre au milieu de ses livres, de ses
papiers d'affaires que l'homme se recueille; c'est là
enfin où il reçoit généralement les gens avec lesquels il
a à causer de ses intérêts et de ses règlements de compte.
L'ameublement de cette pièce doit donc, pour répondre
à tous ces divers besoins, être conçue sur d'autres
plans que la chambre de Madame.

Ce que je disais à propos d'un petit salon de curiosité
organisé par un amateur, conviendrait parfaitement
pour une chambre d'homme. Des boiseries et la corniche peinte en noir brillant, puis partout, murs et plafond, une andrinople, étoffe à bon marché, serait tendue.
Si l'on trouvait la couleur trop vive, un drap de soldat,
dont la couleur est plus sombre et plus amortie, relevée

par des galons, simples ou doubles, de couleur verte.
A moins que la cheminée ne soit en marbre blanc, —
dans ce cas il faudrait la draper, — une simple planche
avec lambrequin en étoffe pareille et galons, suffirait ;
le cadre de la glace serait en bois noir avec un simple
filet or. Si la cheminée n'a pas de glace' appartenant à
la maison, on peut s'en passer, et la remplacer par un
miroir de fantaisie ancien ou genre ancien; là où les
fenêtres recevront un lambrequin en bonne-grâce, on
emploiera le drap et les galons pour ornements. Quant
aux rideaux, ils pourront être, ainsi que les portières, de
même étoffe, mais on peut aussi leur donner de la va -
riété. On peut même supprimer les rideaux et, dans ce
cas, mettre des vitraux de teintes légères dans une
plomberie artistement combinée. M. Bardon, le plus
habile maitre verrier de notre époque et qui a été choisi
pour la restauration des admirables vitraux de Chantilly,
M. Bardon a une série de modèles de bon style et
proportionnée à toutes les bourses. Il a fait pour un de
mes amis des travaux considérables et dans des genres
très différents, qui sont des merveilles. Quant aux portières, les tapis d'Orient peuvent être employés avec un
grand succès et ils fournissent d'excellents motifs de décoration.

C'est aussi parmi les tapis turcs ou persans qu'on
trouvera le tapis du parquet.

Le lit dans une chambre d'homme doit occuper le
moins de place possible. Un lit d'angle à dossier plus
élevé que le pied, est ce qui convient le mieux. En général, à moins de corpulence exceptionnelle, le lit
de 0m,90 est parfaitement convenable. Il pourra

être en bois non apparent, complètement garni d'étoffe pareille à la tenture, ou bien en noyer noirci. Le lit recouvert a un avantage, c'est de se confondre avec le reste de la pièce et de l'agrandir en apparence. Le ciel de lit d'angle et les draperies seront conformes à l'ensemble de l'ameublement.

Une bibliothèque et une table de travail en noyer noirci et ciré, compléteront le mobilier essentiel dans une pièce de moyenne grandeur ; si la pièce est plus grande, on pourra trouver à placer de plus petits meubles de fantaisie, cabinets, vitrines à glace, bibliothèques à hauteur d'appui. Ainsi qu'une horloge dans une ancienne boîte d'un bon travail, comme on trouve encore assez facilement dans nos campagnes, en Normandie ou en Bretagne.

La pendule, surtout quand elle est doublée d'un réveil est incontestablement un objet indispensable dans une chambre à coucher ; mais placée sur la cheminée, je ne sais rien de plus déplaisant. Le coin du feu est un refuge, c'est là où l'on se repose, c'est là où l'on rêve, c'est là où l'on cause intimement ; mais, combien alors est pénible la vue de cette petite machine, monotone et cruelle, dont chaque implacable tour d'aiguille vous crie: « Frère, il faut mourir ! » Vous n'êtes plus chez vous, vous êtes à la Trappe. Autant vaudrait faire tapisser ses murs avec la *Danse macabre*, du vieil Holbein.

L'horloge, dans sa vieille boîte, est un meuble amusant que vous pouvez placer hors de vue et que vous irez chercher, quand vous en aurez besoin. Pour qu'il soit bien complet, il faut le faire faire. Quand vous avez l'enveloppe avec le vieux cadran de cuivre, gravé, guil-

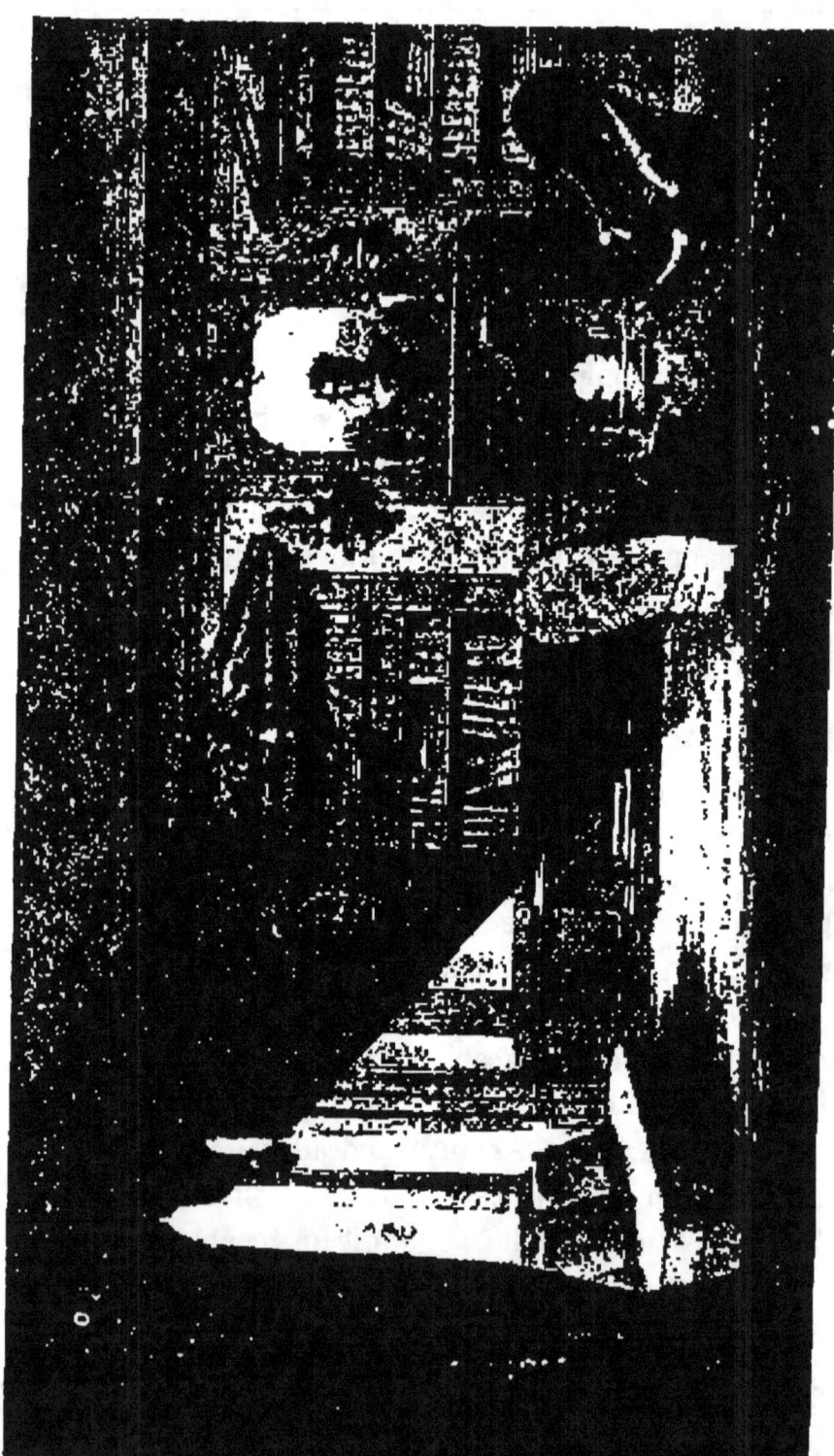

La Chambre de Van Gogh.

loché, niellé, avec ses gros chiffres émaillés, un bon horloger remplacera le mouvement de coucou par un bon mouvement sans sonnerie autre que celle du réveille-matin; mais alors une sonnerie sonore, sur laquelle on puisse compter. Dans les nuits d'insomnie, la sonnerie d'une pendule est peut-être encore plus pénible que sa vue dans le jour. Le bruit du réveille-matin au contraire, c'est la voix sûre d'un serviteur fidèle qui ne vous parle qu'au moment où vous avez besoin de lui; tant qu'il se tait, vous n'avez rien à craindre et vous pouvez dormir en paix.

A défaut de l'horloge que j'indique, un cartel est en tout préférable à une pendule sur la cheminée. Ici, comme garniture de cheminée, ce sera comme dans le salon, où la pendule me semble toujours une impolitesse: — n'a-t-elle pas l'air de dire aux invités: vous savez, voilà bientôt le moment où vous allez nous débarrasser de votre présence, — ce sera quelque objet d'art qui sera placé au milieu : un buste, bronze ou terre cuite, l'image d'un parent ou d'un ami, celle du poète ou de l'artiste favori ; ce sera une réduction du *Voltaire*, de Houdon, ou celle du *Moïse*, de Michel-Ange, ou bien encore, si vous le préférez, le petit *Chanteur florentin*, de Paul Dubois, ou l'*Arlequin*, de Saint-Marceaux, à moins que vous aimiez mieux une belle coupe en bleu de Sèvres qui vous servira de vide-poche et de porte-cartes.

Puis, de chaque côté, de beaux et lourds flambeaux en cuivre repoussé dans le style Louis XIII, ou encore en bronze florentin du seizième siècle, et encore, pour donner une note gaie et lumineuse, deux beaux vases en por-

celaine de Sèvres ou d'Havilland, ou deux faïences
japonaises de Satzuma, de Kaga, d'Owari ou de Kutani.

De chaque côté de la glace on posera de belles appliques en cuivre repoussé, de même qu'au plafond on
laissera pendre un lustre hollandais, dans le genre de
celui qu'on voit dans le tableau de Gérard Dow, *la Femme
hydropique.*

Puis, accrochés sur les murs, tout ce qu'on voudra,
tout ce qu'on aimera, tout ce que le hasard fera trouver :
tableaux, dessins, eaux-fortes, plaques de faïences de
Delft ou laque du Japon. Et encore sur les vitrines, cabinets, bibliothèques à hauteur d'appui, faïences, bronzes,
porcelaines, terres cuites, tout ce qui fait la joie d'un
homme de goût, d'où il vienne et quel que soit le soleil
qui l'a vu fleurir.

Il y a un meuble dont je n'ai pas parlé et qui est assez
difficile à placer dans une chambre qui sert aussi de cabinet de travail et de fumoir : c'est la table de nuit. Si elle
doit y trouver place, c'est le modèle table chiffonnier qui
a la prétention de dissimuler le mieux son utilité ; mais
ce qui est préférable, c'est de reléguer ce meuble dans le
cabinet de toilette pendant le jour et de ne le rentrer
que le soir. Alors le meilleur modèle c'est la table à
volets, qui ouverte donne plus d'espace pour placer une
lampe, un bougeoir, un livre, un verre d'eau, tous les
objets dont on peut avoir besoin dans la nuit.

Comme sièges, en dehors d'une causeuse et deux fauteuils confortables, recouverts d'étoffe pareille à la tenture, toute liberté est permise : fauteuils Henri II, entièrement recouverts, chaises Louis XIII en tapisserie au
petit point, chaise fumeuse, chaise caquetoire ou chauf-

feuse, tabourets ou pliants, liberté aussi pour les étoffes et couleurs, draps, velours ou tapisserie. Dans cette pièce, du reste, pas plus que dans les autres, nous ne nous sommes préoccupé d'une époque plutôt que d'une autre, nous n'avons été guidé que par la convenance ; une restitution historique d'une époque ne serait possible aujourd'hui, qu'à un millionnaire et encore n'y parviendrait-il qu'à grand'peine et en dépensant beaucoup de temps. Tout ce que nous avons voulu indiquer ici, c'est, comment, avec le budget dont on dispose généralement pour meubler mal et sans goût un appartement de moyenne bourgeoisie, on pouvait se créer un milieu d'un goût relevé, plus attrayant, et dans des conditions où l'éducation du goût pouvait se compléter.

Du cabinet de toilette de Monsieur, il y a peu de choses à dire, ou du moins beaucoup moins de choses. Le meuble le plus important, c'est la table de toilette, disposée dans des conditions identiques à celle de la table de toilette de Madame. Le petit poêle à gaz est ici également utile, l'armoire à glace n'a plus sa raison d'être, la glace de la toilette est suffisante pour un homme ; il en est de même de la baignoire. Une seule suffit dans une maison. Toute la place dont on pourra disposer, sera donc occupée par des armoires, porte-manteaux ou armoires à linge. Comme sièges on peut parfaitement se contenter d'une chaise ou deux.

Ce qui nous reste à dire fera le sujet d'un chapitre spécial, c'est l'indication des modifications qui pourraient être apportées dans une installation à la campagne.

CHAPITRE III

LA MAISON A LA CAMPAGNE

Aujourd'hui, à Paris, aux prix élevés qu'ont atteints les loyers, un ménage dont les revenus sont modestes, ne peut espérer trouver un appartement comme celui que nous avons décrit qu'à la condition de s'éloigner beaucoup du centre, et d'habiter certaines parties de la zone comprise entre les anciens murs d'octroi et les fortifications, et encore devra-t-on consacrer à son loyer le cinquième ou le sixième de son revenu. C'est la proportion admise aujourd'hui, quand on dresse son budget; autrefois, il y a trente ans et plus, la proportion admise n'était que d'un dizième.

Ce n'est point une réclamation en faveur du passé que je fais, c'est un fait que je constate.

De là, depuis quelque temps, une tendance qui s'accentue chaque jour davantage à se porter extra-muros. Il n'existe guère de différence, entre habiter près des barrières, ou quelques pas plus loin, en dehors du mur d'enceinte; à cinq minutes près la distance est aussi grande du centre des affaires; mais où il y a une différence très grande, c'est au point de vue de la dépense.

L'appartement qui vous coûterait intra-muros, mille ou quinze cents francs, suivant les quartiers, vous coûtera de sept à neuf cents de l'autre côté du mur d'enceinte. C'est une économie déjà, mais il en est de plus grandes encore : la vie est incomparablement moins chère, au delà qu'en deçà des fortifications. Les droits du vin qui sont d'une quarantaine de francs par pièce à Paris, ne sont dans la banlieue que de sept à huit, et le reste est à l'avenant, pour les impositions, pour le bois, pour la viande, pour tout ce qui touche à la vie, en un mot ; tout ceci explique un peu l'émigration, qui a eu lieu depuis quelques années. Elle est justifiée et, à moins que des convenances personnelles, la nature des occupations, la profession n'oblige le séjour de Paris, je comprends qu'on passe la barrière, et surtout qu'on choisisse de préférence quelques-uns des villages desservis par des chemins de fer. Là, pour un prix très inférieur, dans beaucoup d'endroits, un peu moins dans les centres privilégiés, — on trouve non point un appartement, mais une petite maison plus logeable et entourée d'un petit jardin, et cela sur la ligne de l'Ouest, jusqu'à Argenteuil, jusqu'à Ville-d'Avray, jusqu'à Chatou. Du plus éloigné de ces points, il ne faut pas plus d'un quart d'heure ou vingt minutes pour être rue Saint-Lazare, au centre des affaires, c'est-à-dire que l'on est, en moyenne, deux fois plus près, que si l'on habitait à côté d'une des barrières les plus rapprochées, celle de Clichy, de Courcelles ou de Neuilly, où, du reste, le prix des loyers est presque aussi élevé que dans les quartiers des Martyrs ou du faubourg Poissonnière.

Toutes les fois que la situation le permet, il n'y à

donc pas à hésiter: mieux vaut habiter aux environs de Paris, dans un centre desservi par un chemin de fer, qu'à Paris même. Pour un millier de francs, abonnements de chemin de fer compris, on aura une maison entière, séparée, avec un jardin plus ou moins grand, ce qui est mille fois préférable à la promiscuité des grands caravansérails parisiens. La plupart du temps il y a une économie sur le loyer, mais celles que l'on fait sur les choses de la vie est très importante et mérite sérieuse considération.

Quant à des inconvénients, je n'en vois pas, car la fréquence des trains et l'heure extrême du départ des trains de théâtre, permettent de conserver toutes les relations mondaines que l'on peut avoir et venir au théâtre aussi souvent que l'on peut le désirer. Pendant huit ou dix ans, j'ai habité les environs de Paris, suivant assez régulièrement les premières qui finissent assez tard, ce n'est que fort rarement que j'ai été obligé de rester une nuit à Paris.

Et puis, si l'on savait comme on reprend vite l'amour du foyer, quand on habite à la campagne, combien la santé s'y fortifie; je ne parle pas des enfants, si l'on en a, c'est un devoir.

L'installation dans la banlieue de Paris diffère sur quelques points de l'installation parisienne. C'est encore sous la plupart des rapports, la même vie, les mêmes besoins, les mêmes relations ; mais c'est le milieu plus large, plus aisé, plus facile ; les pièces sont plus grandes, plus aérées, plus saines, plus nombreuses, la distribution en est meilleure.

Assez généralement la maison est ainsi distribuée : au

rez-de-chaussée, élevé de quelques marches, d'abord un vestibule; à droite ou à gauche, une cuisine, toujours le double au moins des cuisines de Paris; en face de la cuisine, la salle à manger, également plus grande; après la cuisine, sur le côté, l'escalier conduisant au premier étage; au fond du vestibule la porte du salon, grand ordinairement comme la salle à manger et le vestibule, c'est-à-dire moitié plus grand que le salon parisien, avec deux fenêtres, dont l'une formant porte ouvrant sur le perron donne accès au jardin, et, à côté du salon, une pièce plus petite servant de petit salon et pouvant, au besoin, servir de chambre.

Au premier étage, deux grandes pièces et deux petites, toutes à feu ordinairement, permettant de faire deux chambres à coucher, avec chacune un très beau cabinet de toilette.

Au second, des mansardes pour chambres de domestique, lingerie, chambre de débarras.

Au point de vue de la décoration intérieure, les architectes et les propriétaires de la banlieue, ne valent ni mieux ni pire que les architectes et propriétaires parisiens; c'est dire qu'une fois nanti d'un bail de neuf ans, il s'agit de tout refaire à sa guise et suivant ses convenances.

Le vestibule et l'escalier presque invariablement sont peints à l'huile, vert clair ou ocre jaune, avec un soubassement brun plus ou moins élevé. Les portes sont peintes en ocre jaune, teinté plus clair et plus foncé pour les champs et les panneaux ou d'un ton brun uniforme, mais le second cas est le moins fréquent.

Dans beaucoup de stations importantes de la ligne de

l'Ouest, il y a le gaz, presque toutes ont un service des eaux ; la première chose dans ce cas, c'est de faire arriver le gaz jusqu'à sa maison, et si une installation pour l'eau n'existe point encore, s'entendre pour l'obtenir du propriétaire, soit complètement à ses frais, soit en y participant dans une proportion quelconque, les pompes installées dans les maisons de campagnes, ne fournissant pas toujours une eau suffisamment potable.

Si le gaz a été facile à obtenir, des appareils doivent être posés dans le vestibule, la cuisine, l'escalier et les cabinets de toilette. Une lanterne dans le vestibule, une autre sur le palier du premier étage suffiront pour l'entrée et l'escalier.

Il est rare que les soubassements dans le vestibule soient indiqués par des moulures en bois, encore moins des panneaux sont-ils simulés par d'autres moulures. C'est généralement la différence d'un ton clair et d'un ton foncé qui partage inégalement la hauteur des murs. Si, cependant, il existait un simulacre de boiseries, obtenu au moyen de moulures, on le conserverait en le peignant des tons choisis pour les portes.

Comme l'antichambre, le vestibule doit être simplement décoré ; s'il n'existe pas de simulacre de boiseries, on se contentera de dessins de grands panneaux au moyen de deux teintes ton sur ton, l'encadrement clair, le panneau plus foncé ; par exemple, un ton de terre d'ombre pour l'encadrement, et un ton de terre d'ombre brûlée pour le panneau. La plinthe, l'encadrement des portes recevraient une teinte d'un noir mat, les portes une teinte brune, et les panneaux un brun plus clair glacé de laque pour réchauffer le ton. L'escalier, dans

tout son parcours, sera, comme le vestibule, divisé en
panneaux peints de mêmes couleurs; les portes des
étages supérieurs comme celles du vestibule. L'ouverture
de l'escalier sur le vestibule sera garni d'une portière
faite avec des tapis communs de Daghestan ou de Smyrne
dont les rayures et les dessins variés de couleurs donne-
ront des notes claires et réjouissantes. Du reste, comme
nous l'avons dit pour l'antichambre à Paris, le Japon
pourrait fournir nombre de motifs décoratifs, et le
sombre du fond indiqué est surtout destiné à servir de
repoussoir aux objets qu'il est appelé à recevoir.

Sur le palier du premier étage, il y aura également
des portières de Caramanie ou de tapis persan, de
couleurs variées. Je ne sais rien de plus ennuyeux
qu'un escalier vide, nu, froid. A une époque où j'ai
collectionné les faïences, — c'était le beau temps où,
pour quelques francs, quelques sous souvent, on trouvait à la campagne des choses qui valent des louis aujourd'hui, — dans la petite maison que j'habitais au
delà des murs d'octroi encore debout, — j'en avais
accroché du haut en bas de l'escalier: assiettes, plaques
ou grands plats, avec des potiches sur des consoles dans
les encoignures. Et je mettais une demi-heure, m'arrê-
tant à chaque objet, pour descendre de ma chambre à mon
cabinet de travail. Sans être collectionneur, ni ce qu'on
appelle un curieux, que de choses variées, amusantes
et gaies, on peut ainsi accrocher le long des murs de
la maison: fusha, foutousa, kakemonos du Japon,
faïences ou gravures, il suffit d'un peu de goût et d'un
peu de flair. On commence timidement, on va un peu
à l'aveuglette, on fait des écoles; mais le goût se forme,

la science s'acquiert et l'on se passionne : « Le premier indice du bonheur domestique est l'amour de la maison, » a dit M. de Montlosier.

Et je voudrais qu'on ne se méprît pas sur ma pensée ; il ne s'agit point de collectionner des choses anciennes, l'amateur fait son intérieur suivant ses goûts ; il s'agit de choisir parmi le moderne, parmi l'art industriel de notre temps, ce qui est digne de prendre place dans notre intérieur, et d'en éloigner la camelote, la boutique à treize, le déballage de l'exportation et aussi de l'importation. Un exemple précisera davantage : Rien ne fait aussi bien dans une antichambre, sur un palier d'escalier, que des grands vases remplis de fleurs posés sur des fûts proportionnés. Le riche amateur mettra sur un support en marbre ou porphyre, orné de précieux bronzes ciselés et dorés, ou sur des trépieds en bois de fer, capricieusement contournés et finement fouillés par un vieil artiste chinois ou japonais, une grande potiche chinoise datant de Khang-hi ou de Yung-Tching, un vase de vieux Sèvres, ou une superbe caisse en faïence de Satzuma. Un soi-disant connaisseur, aimant le voyant, le clinquant, croira atteindre au même but en choisissant quelques-uns de ces grands vases de fabrication anglaise, de couleurs fausses et hurlantes à faire fuir les chiens, aussi rapidement qu'un orgue de barbarie ; tandis qu'un homme à revenu modeste, aimant ce qui est beau, agréable, chatoyant, obtiendra un résultat complet en posant sur un pied de bois simplement tourné, ou sur un fût en terre cuite, ou bien encore sur un socle ou une colonne en bois recouverte d'étoffe, un vase de terre émaillée de Valauris, d'une forme pure et élégante, ou bien un vase barbotine en faïence, d'une couleur bien choisie et d'un décor enlevé prestement par un habile décorateur. Avec quelques plantes et quelques fleurs, l'effet sera charmant.

Quand on étudie impartialement l'histoire de l'art, on reconnaît vite qu'à certaines époques, il est bon d'apporter des restrictions à son admiration : ainsi le goût qui a dominé sous Louis XIV, sous Louis XVI, n'est peut-être pas le plus pur, — les arts ne peuvent se soustraire à l'influence générale qui prévaut dans chaque période sociale, — mais, ce qu'on ne saurait contester, c'est qu'à ces époques les artistes ont fait preuve de talent dans tous les genres, en restant dans l'harmonie.

Aujourd'hui, il y a encore beaucoup d'artistes de talent; ce qui manque, c'est cette harmonie qui fait le style d'un temps, cette harmonie qui aurait permis au dix-neuvième siècle d'avoir un style propre et qui, si nous ne faisons rien pour l'éducation du goût, finira sans en avoir un.

Les plafonds des vestibules et du palier du premier étage seront teintés et non blancs ; la couleur pourra être saumon, terre cuite, maïs, gris bleuté, et, s'il n'y a pas de corniche, — économie que fait souvent un propriétaire de la banlieue, — une grosse moulure en bois noir en servira.

La salle à manger pourra être ornementée et meublée comme celle de l'appartement à Paris; si l'on veut plus de simplicité, les fausses boiseries seront peintes dans une teinte de bois de noyer, avec moulures et filets noirs; le mur tendu de papier vert purée, la corniche bois

7.

avec filet noir et le plafond recouvert de papier peint pareil
à la tenture ; le mobilier sera en noyer ciré et les chaises
cannées. Elles sont plus agréables pendant l'été et n'ont
point d'inconvénient en hiver. Ce qui est bien aussi, et
très gai, comme papier de tenture, avec des boiseries
telles que nous l'avons dit, c'est un papier représentant
une treille avec plantes grimpantes, vigne viergé et ca-
pucines, le plafond tendu pareillement et baguettes en
bambou. Si l'on aime les vitraux colorés, qui font bien
partout, on peut économiser les grands rideaux et se
borner à un petit lambrequin ou même s'en dispenser
dans le cas où l'on aurait le papier fleuri.

Si l'on a renoncé aux vitraux, au contraire, les grands
rideaux sont indispensables ; ils seront en reps, assortis
à la tenture verte, avec ornements de teinte complémentaires ; avec les papiers fleuris, les grosses toiles écrues,
avec galons de couleur, formant bordures et dessins variés, sont d'un excellent effet.

Le grand salon ne différera en rien d'un salon parisien ; quant au petit salon qui servira de cabinet de travail et contiendra table de travail, bibliothèque,
cabinets, etc., une décoration comme celle indiquée pour
la chambre de Monsieur, à Paris, conviendra parfaitement ; le lit sera remplacé par un grand divan aussi
large que le lit et contenant à l'intérieur tout ce qu'il
faut pour improviser un lit. Il y a des cas où l'on est
enchanté de pouvoir donner l'hospitalité d'une nuit à
un parent ou à un ami intime : un mauvais temps
exceptionnel, un dernier train manqué.

Si l'on a des enfants, ce petit salon servira de salle de
jeu, pour les jours où le temps ne leur permet pas de

rester dans le jardin, en même temps que de salle d'é-
tude pour faire leurs devoirs ; alors, la décoration de
cette pièce sera plus simple et plus appropriée aux
besoins auxquels elle doit répondre. Une tenture rusti-
que, faite avec des nattes et des bambous, est d'un très
_.._ ..iet. La table sera une table de travail en chêne
ciré, solide, simple de moulure, mais toujours de bon
style ; tout ce qui est à l'usage de l'enfance doit se dis-
tinguer par la pureté de la forme. Le « qu'importe, c'est
assez bon pour un enfant, » est une erreur. Vous ne lui
laissez pas lire un mauvais livre, ne lui montrez pas
une vilaine chose ; accoutumez-le au beau. Imitons en
cela les anciens de Tanagra. Ces petites terres cuites
qui sont l'orgueil de nos musées, c'étaient des jouets
d'enfants. Depuis trente ans, on a fait une véritable
révolution par la création d'une littérature de l'enfance
tout simplement merveilleuse ; suivons cet exemple en
toutes choses.

Le divan dont nous parlions plus haut, sera conservé, mais recouvert alors avec une grosse tapisserie
d'Orient, il y en a de communes, très solides et fort
jolies de dessins et de couleurs.

La chambre de Madame n'aura pas besoin non plus
de subir de modification. La cretonne est ce qui est toujours préférable.

La chambre de Monsieur, ne servant plus de
cabinet de travail, ni de fumoir, pourra être tendue de
cretonne comme celle de Madame, mais de couleurs
plus sombres ; des dessins camaïeux rouille, allant jusqu'au brun pour les ombres, sont d'un bon effet. Le
mobilier sera en poirier ou en noyer ciré et se compo-

sera d'un lit, d'une grande commode, d'une vitrine
bibliothèque, pour renfermer quelques livres préférés
et quelques objets de fantaisie, d'une table de nuit à
volets et d'une table assez grande pour servir de table de
travail. Comme sièges une causeuse, quelques fauteuils
et chaises confortables s'assortissant avec la tenture.
Les rideaux et portières seront également assortis à
l'ameublement et, enfin, pendant l'hiver, toutes les pièces
auront les parquets recouverts de tapis.

La décoration et l'ameublement des cabinets de toilette
resteront les mêmes, ou tout au moins seront conçus dans
le même esprit. Seulement, une pièce à l'étage supérieur
étant réservée à la lingerie, les armoires pourront être
moins nombreuses dans les deux cabinets ; de même,
une petite pièce au second pourra servir de salle de
bain.

Le cabinet de toilette de Monsieur, débarrassé de
bien des objets qui, nécessairement, ne trouvent pas
d'autre place dans les appartements réduits de Paris,
pourra recevoir un large divan contenant une literie, ou
bien encore un lit d'enfant, s'il en était besoin.

La troisième pièce de cet étage peut être meublée en
sapin verni, si on la destine à une chambre d'ami ; ou
bien elle est réservée aux enfants et disposée alors suivant leur âge. Quand les enfants sont jeunes, c'est un
dortoir en miniature ; mais cela ne peut avoir qu'un
temps très limité. Il est bon que le plus tôt possible
chaque enfant ait sa petite chambre particulière, où il
prenne des habitudes d'ordre, en mettant de côté et soi-
gnant ce qui lui appartient, ses jouets, ses livres, ou ses
images.

*
* *

Ici se termine ce que nous avions à dire pour atteindre le but que nous nous sommes proposé. Ce n'est point là un plan destiné à être poursuivi et exécuté ponctuellement et sans changements, que nous avons prétendu tracer, c'est un thème que chacun pourra varier à sa guise, un canevas sur lequel chacun pourra broder suivant son caprice, sa fantaisie et son goût, mais dont les règles que nous avons rappelées, — ce sont celles que nos maîtres nous ont léguées et que nos pères ont respectées, — doivent être observées, si l'on veut atteindre à cette harmonie complète, qui est le signe de tout art véritable et qui pourrait nous rendre, enfin, cet art familier, pittoresque, qui fait aimer le foyer domestique, c'est-à-dire l'âme de la maison, celle de la Patrie.

TABLE DES MATIÈRES

TABLE DES GRAVURES